公務員試験【高卒程度・社会人】

# らくらく総まとめ

# 社会科学

[政治/経済/社会]

資格試験研究会編 実務教育出版

# 本書の構成と使い方

## 本書の構成

本シリーズは，高等学校卒業程度（初級），社会人区分の公務員試験を短期間で攻略するための要点整理集です。

### ● 本書の特長

◎よく出るテーマ・よく出る知識を厳選！

出題された過去問を分析し，よく出ているテーマを厳選することにより，試験で問われるポイントを効率よくまとめています。テーマの重要度を「☆」で表しているので，メリハリをつけて学習できるようになっています。

◎読み流し＋赤シートで周回速度アップ！

本書は教科書のように読み流すことができるので，試験本番まで時間のない方や受験勉強が久しぶりの方でも，スピーディーに科目のポイントをおさらいすることが可能です。

特に覚えるべき項目や要点は赤文字になっているので，付属の**「暗記用赤シート」**を使って赤文字を隠して，暗記をしながら知識の定着度を確認することもできます。

◎過去問で出題形式をチェック！

各テーマの最後に**「過去問にチャレンジ」**を設け，実際の試験ではどのように知識が問われるのかを確認できるようになっています。

### ● 使い方のヒント

本シリーズのテーマの分類は，過去問集の定番シリーズとなっている**「初級スーパー過去問ゼミ」に準拠**しているので，「初級スーパー過去問ゼミ」と併用して学習することで，より一層理解を深めることができます。

本試験まで時間のない人は**「☆☆☆」のテーマを優先して学習**し，**「☆」**は直前期に目を通しておくといった学習法をお勧めします。１ページにあまり時間をかけずに，まずは１冊を通して取り組んでみてください。そして１度読み終えたらそれで終わりにせず，**何度も周回する**ようにしましょう。何度も周回することで知識の定着化が図れます。

通学・通勤などのスキマ時間を活用し，本書を繰り返し読み込んで，知識のマスターをめざしましょう！

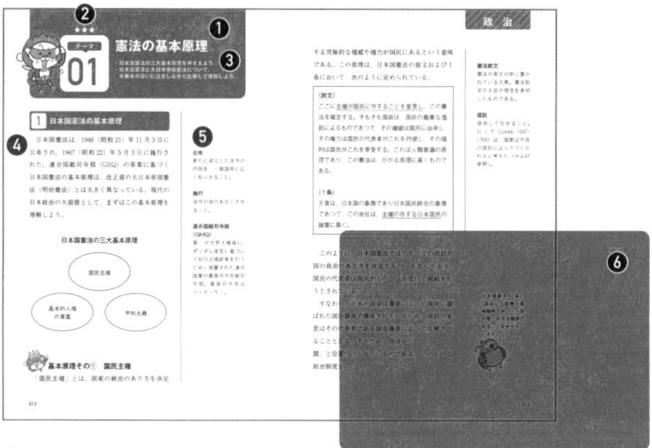


❶テーマタイトル

テーマ分類は「初級スーパー過去問ゼミ」シリーズに準拠しています。

❷テーマの重要度

各テーマの初めに，そのテーマがどのぐらい重要なのかを☆で表しています。学習に当たって，☆☆☆のところは最優先でマスターしましょう。

☆☆☆ … どの試験にも出題される重要なテーマ
☆☆ … 比較的重要なテーマ
☆ … 一部の試験のみで出題されるテーマ

❸学習のポイント

各テーマの出題傾向と学習に当たっての注意点を解説しています。ここを意識しながら学習することで，何を覚えるべきなのかがわかるため，より効率的に進められます。

❹本文

各テーマを教科書のように流れに沿って学べるようにしてあります。
読み流すように進められるので，1回で理解・暗記しようとせずに，何度も周回してください。
文章だけでなく，表や図形を用いて視覚からも理解を促しています。
特に重要な要点は赤文字になっているので，赤シートで隠しながらの暗記が可能です。

❺補足

文中に出てくる専門用語や制度，公式などの細かい知識を補足・解説しています。
サッと目を通しておくと，文中の理解もより深まり，調べる時間を短縮できるので学習がさらに効率的になります。

❻付属の赤シート

赤シートをかぶせると赤文字部分が見えなくなるので，穴埋め問題のように使うことも可能です。メモなどの書き込みを加える際も，薄い赤色やピンク色のペンを使えば，同様の使い方ができます。

CONTENTS

公務員試験
[高卒程度・社会人]らくらく総まとめ

# 社会科学 目次

# 社会科学 攻略のポイント

## 政治

### ここが出る！ 最近の出題傾向

国家一般職をはじめとして，どの試験においても，日本国憲法と基本的人権に関する問題がよく出題される。特に近年は，社会権，「新しい人権」，公共の福祉による制限に関する出題が目立つ。内閣や国会に関する出題も全般的に出題され，これに裁判所を含めた「統治機構」と，先に述べた「人権」が，２つの大きな柱といえるだろう。また地方自治に関する出題もある。特に地方初級の受験者は身近な問題としてとらえておこう。

憲法分野のほかには，選挙や主要国の政治制度がよく出題されており，選挙制度改革や各国の政権交代など，最近の社会情勢との関連が重視されている。なお，国際情勢に関する問題は，科目を横断してよく出題される。経済テーマ６「世界の経済事情」を忘れずに学習しておこう。

### ここに注意！効果的な学習法

**Point❶ 日本国憲法を何度も読み返そう**

基本的人権や国会・内閣に関しては，何よりも日本国憲法の条文に関する知識がカギとなる。前文と，主要条文を何度も読み返し，「14 条＝法の下の平等」「28 条＝労働基本権」のように，条項と内容を対応させて暗記しよう。

**Point❷ 知識のまとめには図や表を活用する**

基本的人権の種類，国会・内閣の仕組み，選挙制度の特徴，住民の直接請求権の種類，主要国の政治制度など，具体的な知識は図や表で整理すると理解の助けになる。本書の図表を丸ごと覚えるつもりで取り組もう。

**Point❸ 国際関係の基礎知識と世界情勢を押さえる**

国際連合と専門機関および補助機関は最もよく出題されるテーマである。総会，安全保障理事会, IMF, ILO, WHO, UNESCO, UNICEF などがよく問われる。また，EU，ASEAN，APEC，AU などの地域機構，WTO などの経済機構，NATO などの安全保障機構も重要。これらの正式名称（日本語訳）と略称（アルファベット），設立年度，加盟国，設立の目的，最近の活動などを，きちんと整理しよう。加盟国の増加や，新しい条約の締結など，常に情勢は動いているので，最新の情報をチェックすること。

# 経済

## ここが出る！ 最近の出題傾向

各試験で，わが国の財政・金融に関する問題がよく出題されている。景気変動やインフレーションなど，時事的話題と関連して問われるものが多い。また，財政に関してはわが国の前年度予算の概要，税制について押さえておく必要がある。日本経済および世界経済における現状把握の問題の比重も大きくなっている。

市場機構に関しては，アダム・スミスやケインズの主張，需要と供給の法則や独占・寡占市場など，ミクロ経済学の基礎的な概念が問われる。

## ここに注意！効果的な学習法

**Point❶ わが国の財政・金融は必修**

経済の出題の中心を占める分野であるので，学習を怠ってはいけない。制度の仕組みや政策の効果をきちんと理解しよう。国家財政も金融も，近年さまざまな変容を遂げているので，国債をめぐる問題，財政の健全化，税制改正など，主要トピックについては特に注意すること。

**Point❷ 市場機構の理論は問題演習で攻略**

需要曲線・供給曲線の形状とシフトなど，ミクロ経済学のグラフ問題は一見取っつきにくいが，いったん考え方を理解すれば効率的に得点できる分野である。現実の経済を単純なモデルに表したもので，問われている内容はそれほど難しくはない。基本的な出題パターンを覚え込もう。

**Point❸ 世界の中の日本経済の動向を大まかにつかむ**

経済もやはり時事問題に要注意。といっても，細かい数値の知識が正誤のポイントになることはほとんどない。前年度比でどう増減したか，最近の日本経済の課題は何かといった，広い視点での把握が大事である。あわせて，各国の金融・財政危機，EPA や FTA，TPP などの経済連携のような，グローバルな経済的課題における日本の役割についても目配りをしておくこと。

# 社会

## ここが出る！ 最近の出題傾向

出題範囲は文字どおり現代社会全般に及び，時事的問題が中心となる。少子高齢化問題，社会保障・福祉，労働問題，教育問題，医療問題，食に関する問題，環境・エネルギー問題，科学・産業技術の動向など，その時々で話題となっているトピックが出題されている。一般社会事情に関する出題は，ここ数年さらに比重が大きくなっている。

一方で，青年期の心理や防衛機制など，必ずしも時事的内容にとどまらないテーマの出題も見られる。広く現代社会の特徴を問う問題ととらえて，対策を怠らないようにしよう。

なお，試験によっても出題傾向に多少違いがあり，たとえば警察官では安全保障・防衛問題，犯罪・少年問題など，職種を意識した問題が見られる。

## ここに注意！効果的な学習法

**Point❶ 新しい法律・法改正には要注意**

新しい法律や，民法，刑法，医療保険制度改革関連法，労働者派遣法，育児・介護休業法，道路交通法，航空法の改正など，ここ数年の間に成立・公布・施行された法律に関する問題はよく出題される。また，気候変動枠組み条約など大きな進展のあった国際間の協定等についても同様である。該当する過去問がない，あるいは過去問で問われた事実が変更されている場合が多いので，日頃からニュースに気を配りながら学習しよう。

### Point❷ 日本人の国際的な活躍に注目

ノーベル賞やオリンピックなど，世界を舞台とした日本人の活躍がめざましい。ノーベル賞受賞者の名前や受賞理由などを整理して覚えておこう。また，世界遺産の国内での登録も，ここ数年は毎年のように続いている。

### Point❸ やはり時事問題が大事！

いうまでもなく，「社会」で出題されるほとんどの問題は時事問題である。国内および海外で今課題となっている事項を中心に，幅広く知識を吸収しよう。政治や経済など他の科目と関連づけて学習するのもよい。また，択一式試験に限らず，作文や面接対策，ひいては社会人として最低限の一般常識を身につけるのにも，きっと役立つはずだ。

## 試験名の表記について

・国家一般職／税務／社会人…国家公務員採用一般職試験[高卒者試験][社会人試験(係員級)]，税務職員採用試験，国家公務員採用Ⅲ種試験
・地方初級……………………地方公務員採用初級試験(道府県・政令指定都市・市役所・消防官採用試験[高卒程度])
・東京都………………………東京都職員Ⅲ類採用試験
・特別区………………………特別区(東京23区)職員Ⅲ類採用試験
・東京消防庁…………………東京消防庁消防官Ⅲ類採用試験
・警視庁………………………警視庁警察官Ⅲ類採用試験

Chapter

# 01

# 政治

★★★
テーマ
01

# 憲法の基本原理

・日本国憲法の三大基本原理を押さえよう。
・日本国憲法と大日本帝国憲法について，主権者の違いに注目しながら比較して理解しよう。

## 1 日本国憲法の基本原理

日本国憲法は，1946（昭和21）年11月3日に公布され，1947（昭和22）年5月3日に施行された。連合国総司令部（GHQ）の草案に基づく日本国憲法の基本原理は，改正前の大日本帝国憲法（明治憲法）とは大きく異なっている。現代の日本政治の大前提として，まずはこの基本原理を理解しよう。

**日本国憲法の三大基本原理**

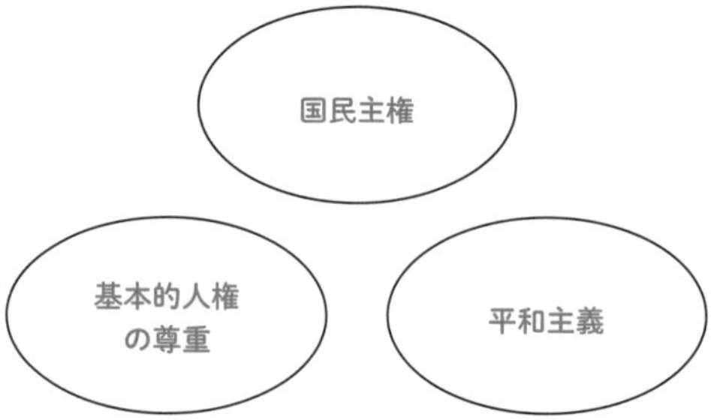

### 基本原理その①　国民主権

「国民主権」とは，国家の統治のあり方を決定

**公布**
新たに成立した法令の内容を，一般国民に広く知らせること。

**施行**
法令の効力を生じさせること。

**連合国総司令部（GHQ）**
第二次世界大戦後に，ポツダム宣言に基づいて対日占領政策を行うために設置された連合国軍の最高司令官総司令部。最高司令官はマッカーサー。

する究極的な**権威**や**権力**が国民にあるという意味である。この原理は，日本国憲法の前文および1条において，次のように定められている。

〈前文〉
ここに主権が国民に存することを宣言し，この憲法を確定する。そもそも国政は，国民の厳粛な信託によるものであつて，その権威は国民に由来し，その権力は国民の代表者がこれを行使し，その福利は国民がこれを享受する。これは人類普遍の原理であり，この憲法は，かかる原理に基くものである。

〈1条〉
天皇は，日本国の象徴であり日本国民統合の象徴であつて，この地位は，主権の存する日本国民の総意に基く。

このように，日本国憲法では，すべての国民が国の政治のあり方を決定する**権威**を有しており，国民の代表者は国民からの**信託**を受けて国政を行うとされている。

すなわち，日本の国会は選挙によって国民に選ばれた国会議員で構成されているため，国民の意思はその代表者である国会議員によって反映されることとなる。そのため，国会が「**国権の最高機関**」と位置づけられているのである。このような政治制度を**議会制民主主義**という。

**憲法前文**
憲法の条文の前に置かれている文章。憲法制定の主旨や理念を表明したものである。

**信託**
信用して任せること。ロック（Locke, 1632-1704）は，国家は市民の信託によってつくられると考えた（⇒ p.67参照）。

日本国憲法41条に「国会は，国権の最高機関であつて，国の唯一の立法機関である」と定められています。

## 基本原理その②　基本的人権の尊重

日本国憲法は，個々の人間を人間として尊重するという基本的人権の尊重を基本原理としている。この原理は，日本国憲法 11 条および 97 条において，次のように定められている。

〈11 条〉
国民は，すべての基本的人権の享有を妨げられない。この憲法が国民に保障する基本的人権は，侵すことのできない永久の権利として，現在及び将来の国民に与へられる。

〈97 条〉
この憲法が日本国民に保障する基本的人権は，人類の多年にわたる自由獲得の努力の成果であつて，これらの権利は，過去幾多の試錬に堪へ，現在及び将来の国民に対し，侵すことのできない永久の権利として信託されたものである。

**享有**
人が生まれながら身に備えて持っていること。

日本国憲法３章「国民の権利及び義務」において，基本的人権に関する具体的な規定が設けられています。

このように，日本国憲法は，基本的人権は現在および将来の国民に対し与えられた「侵すことのできない永久の権利」であるとしている。

## 基本原理その③　平和主義

日本国憲法は，平和なくして個人の生存を確保することはできないことから，平和主義を基本原理としている。この原理は，日本国憲法の前文および９条において次のように定められている。

〈前文〉
日本国民は，**恒久の平和**を念願し，人間相互の関係を支配する崇高な理想を深く自覚するのであつて，平和を愛する諸国民の公正と信義に信頼して，われらの**安全と生存**を保持しようと決意した。われらは，平和を維持し，専制と隷従，圧迫と偏狭を地上から永遠に除去しようと努めてゐる国際社会において，名誉ある地位を占めたいと思ふ。われらは，全世界の国民が，ひとしく恐怖と欠乏から免かれ，**平和のうちに生存する権利**を有することを確認する。

〈9条〉
1　日本国民は，正義と秩序を基調とする国際平和を誠実に希求し，国権の発動たる戦争と，武力による威嚇又は武力の行使は，国際紛争を解決する手段としては，永久にこれを放棄する。
2　前項の目的を達するため，陸海空軍その他の戦力は，これを保持しない。国の交戦権は，これを認めない。

このように，「**平和のうちに生存する権利**」という**平和的生存権**を提唱し，さらに，戦争の放棄，戦力の不保持および交戦権の否認を宣言している。

## 日本国憲法の定める統治機構

日本では**三権分立制**がとられており，立法権は

**交戦権**
国際法上の用語例によれば，船舶の臨検や拿捕（だほ）の権利など，交戦状態に入った場合に国際法上，交戦国に認められる権利を意味すると解釈されている。

国会，行政権は内閣，司法権は裁判所が行使することとなっている。主権者である国民を中心として，国会・内閣・裁判所の３機関が相互に抑制と均衡を図ってバランスをとるという仕組みを定めることにより，国家権力が１つの国家機関に集中して権力が濫用されることを防ぎ，国民の権利や自由が侵害されないようにしているのである。

**日本国憲法が定める統治機構**

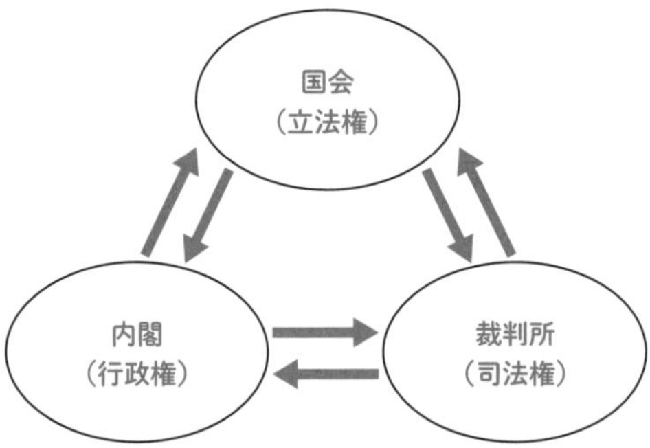


## 2 大日本帝国憲法と日本国憲法の比較

### 天皇の地位の違い

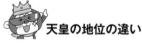

大日本帝国憲法（明治憲法）は天皇による支配統治を基本原理とし，天皇が主権者であるとして，君主制の性質が非常に強い憲法であった。天皇は統治権を「総攬」し，帝国議会の「協賛」の下で立法を行い，国務大臣の「輔弼」を受けて行政権

**総攬（そうらん）**
統合して掌握すること。

**協賛**
法律案などを成立させるために同意の意思を示すこと。

**輔弼（ほひつ）**
天皇の権能の行使について行う助言のこと。

を行使し，さらに司法権も天皇の名において裁判所が行うものとされ，**天皇大権中心**の統治制度がとられていた。

これに対して，日本国憲法では，天皇は**象徴**へと変容し，それに伴い，天皇の権能の範囲は**国事行為に限定**されている（７条）。

## 統治機構に関する違い

大日本帝国憲法では**帝国議会**が立法権を担っていたが，帝国議会は**天皇の協賛機関**にすぎなかった。帝国議会は，衆議院と貴族院の二院制をとり，国政調査権は有していなかった。なお，大日本帝国憲法の草案を審議するために設置された機関である枢密院は，大日本帝国憲法の制定後は天皇の最高諮問機関となった。また，内閣は大日本帝国憲法上の機関ではなく，内閣総理大臣は単に国務大臣の同輩中の首席にすぎなかった。司法権についても，裁判所には属するものの，天皇の名において行使されるものとされていた。

これに対して，日本国憲法では，国会は国民を代表する**国権の最高機関**とされ，衆議院と参議院の二院制がとられている。また，内閣総理大臣は内閣の首長としての地位に基づき，行政各部に対して指揮監督権限を持つものとされている。

さらに，大日本帝国憲法は中央集権的色彩を強く有しており，**地方自治**については明文の規定は

**象徴**
日本国憲法１条では，「天皇は，日本国の象徴であり日本国民統合の象徴」であると規定されている（⇒p.13参照）。

**国事行為**
日本国憲法上，天皇が行うものとして規定されている行為のこと。内閣の助言と承認を要し，内閣がその責任を負う（憲法３条，７条）。

**諮問**
有識者などで構成された機関に意見を求めること。

**地方自治**
地方の政治や行政を，住民の意思に基づいて，国から独立した地方公共団体がその権限と責任で自主的に行うこと。

なかったのに対し，日本国憲法では8章（92条以下）において，地方自治に関する規定を設けている。

**大日本帝国憲法と日本国憲法の主な違い**

| 事項 | 大日本帝国憲法 | 日本国憲法 |
|---|---|---|
| 発布・公布 | 1889（明治22）年2月11日 | 1946（昭和21）年11月3日 |
| 施行 | 1890（明治23）年11月29日 | 1947（昭和22）年5月3日 |
| 主権 | 天皇主権<br>天皇大権中心主義 | 国民主権<br>権力分立制 |
| 天皇 | 神聖不可侵の存在<br>元首として統治権を総攬（そうらん） | 国民統合の象徴（象徴天皇制）<br>形式的な国事行為のみ |
| 戦争・戦力 | 天皇が陸海軍を統帥<br>兵役の義務 | 戦争の放棄<br>戦力の不保持<br>交戦権の否認 |
| 国民の権利 | 天皇から与えられた臣民の権利<br>法律により無限定に制限可能 | 永久不可侵の基本的人権 |
| 国会 | 帝国議会<br>天皇の協賛機関 | 国権の最高機関<br>国の唯一の立法機関 |
| 立法権 | 帝国議会が行使 | 国会が行使 |
| 内閣制度 | 規定なし | 規定あり（65～75条） |
| 裁判所の違憲立法審査権 | 規定なし | 規定あり（81条） |
| 地方自治制度 | 規定なし | 規定あり（92～95条） |

## 人権規定に関する違い

大日本帝国憲法における人権の保障は不十分であり，**思想・良心**の自由や**学問**の自由に関する規定はなく，生存権や教育を受ける権利などの**社会権**も規定されていなかった。また，大日本帝国憲法上の権利・自由は，**天皇**から臣民に与えられた恩恵的な性格を有するものにすぎなかった。さらに，大日本帝国憲法上の権利・自由は，原則として「**法律の範囲内**」においてのみ保障されるものであり，法律によって自由に制限することができるものであった。

なお，大日本帝国憲法で定められていた臣民の義務は，**納税**の義務と**兵役**の義務の２つであった。そのほかにも教育勅語で**教育**の義務が定められており，これらは「**臣民の三大義務**」と呼ばれていた。

**■日本国憲法に規定されているが，大日本帝国憲法には規定がない主な人権**

- ●思想・良心の自由
- ●幸福追求権
- ●職業選択の自由
- ●国籍離脱の自由
- ●学問の自由
- ●生存権
- ●教育を受ける権利
- ●勤労の権利義務・労働基本権
- ●国家賠償請求権
- ●刑事補償請求権
- ●選挙権

**■日本国憲法にも大日本帝国憲法にも規定がある主な人権**

- ●信教の自由（ただし，大日本帝国憲法には一定の留保付き）
- ●集会・結社・表現の自由
- ●通信の秘密
- ●居住・移転の自由
- ●財産権（ただし，大日本帝国憲法には「正当な補償」に関する規定なし）
- ●請願権
- ●裁判を受ける権利

# TRY! 過去問にチャレンジ

**No.1** **次の文章は日本国憲法の前文の一部であるが，空欄に当てはまる語句の組合せとして，正しいのはどれか。**

**【東京都】**

日本国民は，正当に選挙された国会における代表者を通じて行動し，われらとわれらの子孫のために，諸国民との協和による成果と，わが国全土にわたつて自由のもたらす恵沢を確保し，政府の行為によつて再び戦争の惨禍が起ることのないやうにすることを決意し，ここに［ A ］が国民に存することを宣言し，この憲法を確定する。そもそも国政は，国民の厳粛な［ B ］によるものであつて，その権威は国民に由来し，その権力は国民の代表者がこれを［ C ］し，その福利は国民がこれを享受する。これは人類普遍の原理であり，この憲法は，かかる原理に基くものである。われらは，これに反する一切の憲法，法令及び詔勅を排除する。

| | A | B | C |
|---|---|---|---|
| **1** | 国権 | 信託 | 行使 |
| **2** | 国権 | 信任 | 執行 |
| **3** | 主権 | 信託 | 行使 |
| **4** | 主権 | 信託 | 執行 |
| **5** | 主権 | 信任 | 執行 |

## 正答と解説

### No.1 の解説

「ここに A が国民に存することを宣言し」は，日本国憲法の基本原理である**国民主権**について述べた部分であり，A には「**主権**」が入る。

「そもそも国政は，国民の厳粛な B によるものであつて」は，国政は，国民の代表者が国民からの**信託**を受けて行うものであることを述べた部分であり，B には「**信託**」が入る。

「その権力は国民の代表者がこれを C し」は，国民の代表者は国民の信託に基づき**権力を行使**するものであることを述べた部分であり，C には「**行使**」が入る。

よって正答は**3**である。

★★★

テーマ 02

# 基本的人権

・日本国憲法に規定されている基本的人権の具体的な内容や性質を理解しよう。
・各国の憲法や人権宣言の特徴を押さえよう。

## 1 日本国憲法が規定する基本的人権

日本国憲法は，基本的人権を，日本国民が生まれながらに持つ基本権であると位置づけている。

〈11条〉
国民は，すべての基本的人権の享有を妨げられない。この憲法が国民に保障する基本的人権は，侵すことのできない永久の権利として，現在及び将来の国民に与へられる。

〈12条〉
この憲法が国民に保障する自由及び権利は，国民の不断の努力によつて，これを保持しなければならない。又，国民は，これを濫用してはならないのであつて，常に公共の福祉のためにこれを利用する責任を負ふ。

〈97条〉
この憲法が日本国民に保障する基本的人権は，人類の多年にわたる自由獲得の努力の成果であつて，これらの権利は，過去幾多の試錬に堪へ，現在及び将来の国民に対し，侵すことのできない永久の権利として信託されたものである。

**享有**
⇒ p.14 側注参照。

**公共の福祉**
通説によると，他の人の人権との矛盾や衝突を調整するための実質的公平の原理である。なお，「公共の福祉」は13条後段においても規定されている。

日本国憲法が保障している基本的人権は，以下のように，自由権，平等権，社会権，参政権，国務請求権（受益権）に大別することができる。

## 自由権

自由権とは，国家が個人に対して不当な介入をすることを防ぎ，個人の自由な意思決定や活動を保障する権利である。国家による介入や強制を受けないことを意味するため，「国家からの自由」とも呼ばれる。自由権は，精神の自由（精神的自由権），経済の自由（経済的自由権），人身の自由から構成される。

### （1）　精神の自由（精神的自由権）

思想･良心の自由（19条），信教の自由（20条），表現の自由（言論･出版の自由，集会･結社の自由）（21条），学問の自由（23条）がこれに該当する。

思想・良心の自由については，内心にとどまる限り，絶対的に保障される。

信教の自由は，特定の宗教を信じる自由，あるいは一切の宗教を信じない自由を意味する。信教の自由と関連して，憲法は政教分離の原則を定めており，国およびその機関が，特定の宗教に基づいた宗教教育や宗教的活動を行うことを禁止している（20条3項）。

表現の自由は，言論・出版の自由および集会・

**政教分離**
国家の非宗教性，宗教的中立性のこと。

結社の自由を含む。また，日本国憲法は，検閲を絶対的に禁止している（21条2項）。

学問の自由については，日本国憲法はすべての国民に保障されるものとしており，特に大学における学問の自由を保障することをその趣旨としている。

**検閲**
最高裁の立場によると，行政権が主体となって，思想内容等の表現物を対象に，その全部又は一部の発表の禁止を目的として，対象とされる一定の表現物の内容を，網羅的・一般的に，発表前にその内容を審査して，不適当と認めるものの発表を禁止することを意味する。

### (2) 経済の自由（経済的自由権）

居住・移転の自由および職業選択の自由（22条1項），外国移住・国籍離脱の自由（22条2項），財産権の不可侵（29条）がこれに該当する。

職業選択の自由については，消極目的または積極目的による一定の制限が認められている（消極目的規制・積極目的規制）。

**消極目的・積極目的**
消極目的とは，国民の生命・健康への危険を防止する目的のこと。積極目的とは，経済を発展させる，または社会的・経済的弱者を保護する目的のこと。

また，財産権の不可侵に関して，私有財産は「正当な補償の下」で，公共のために用いることができるとされている（29条3項）。

### (3) 人身の自由

奴隷的拘束・苦役からの自由（18条），適正手続の保障（31条），刑事上の諸権利（33～39条）がこれに該当する。

適正手続の保障とは，法の正当な手続の保障のことである。法律の定める手続によらなければ，生命や自由を奪われたり，刑罰を科せられたりしないことを意味する。

刑事上の諸権利については，代表的なものとして，住居の不可侵（35 条），刑事被告人の証人審問権・弁護人依頼権（37 条），黙秘権（38 条）がある。

**住居の不可侵**
令状がなければ，住居や書類・所持品について侵入や捜索・押収を受けることはない。

## 平等権

**法の下の平等**の基本原則を宣言し，個別的にも規定を設けている。家族生活における男女の本質的平等（24 条），参政権の平等（普通選挙の原理）（44 条）がこれに該当する。

法の下の平等については，**人種**，**信条**，**性別**，**社会的身分**，**門地**によって，政治的・経済的・社会的関係において差別されないことが保障されている（14 条）。

**門地**
生まれや家柄のように，人が生まれた際に当然に生じる社会的地位のこと。

## 社会権

社会権とは，**個人が国家に**対し，個人の生存，生活の維持・発展に必要なさまざまな条件の確保など，**積極的な行為**をすることを要求する権利である。日本国憲法では，**生存権**（25 条 1 項），**教育を受ける権利**（26 条 1 項），**勤労の権利**（27 条 1 項），**労働基本権**（28 条）が規定されている。

生存権は，社会権の中でも最も代表的な人権であり，憲法 25 条において次のように規定されている。

〈25条〉
1　すべて国民は，健康で文化的な最低限度の生活を営む権利を有する。
2　国は，すべての生活部面について，社会福祉，社会保障及び公衆衛生の向上及び増進に努めなければならない。

教育を受ける権利については，憲法26条において以下のように規定されている。

〈26条〉
1　すべて国民は，法律の定めるところにより，その能力に応じて，ひとしく教育を受ける権利を有する。
2　すべて国民は，法律の定めるところにより，その保護する子女に普通教育を受けさせる義務を負ふ。義務教育は，これを無償とする。

勤労の権利とは，労働の意思と能力を有している者が，労働の機会を得ることができないときに，国に労働の機会を提供することを求めること，あるいはそれに代わる保護を要求することができる権利をいう。憲法27条1項において，国民は勤労の権利を有するとともに，勤労の義務を負うことが明示されている。

労働基本権は，勤労者の団結権・団体交渉権・団体行動権（争議権）を内容とする権利（28条）であり，これらは労働三権と呼ばれる。

最高裁判所は，25条の生存権は国民に対する政府の政治上の努力目標であると解釈しており，25条を根拠として裁判所に救済を求めることはできないとしています。このような見解をプログラム規定説といいます。

**団結権**
労働者が適正な労働条件を確保することを目的として団体（労働組合）を結成する権利。

**団体交渉権**
労働者が，団体を通じて使用者と労働条件などに関する交渉を行い，労働協約を締結する権利。
なお，労働協約とは，労働組合と使用者との間で結ばれる，労働条件の基準などの労使関係に関して合意した事項についての取り決めのこと。

**団体行動権（争議権）**
労働者が団結して，その要求を通すためにストライキその他の争議行為を行う権利。

## 参政権

参政権とは，**公務員の任免権**を国民が持つことによって，**主権者**である国民の民意を反映させる権利である。公務員の選定・罷免権（15条），選挙権・被選挙権（15条），最高裁判所裁判官の国民審査権（79条），地方公共団体における特別法の住民投票（95条），憲法改正の国民投票（96条）がこれに該当する。

## 国務請求権（受益権）

国民の権利・自由が侵害されたときに，国や地方公共団体に対して**積極的**にその**救済**を求める権利である。請願権（16条），国家賠償請求権（17条），裁判を受ける権利（32条，37条），刑事補償請求権（40条）がこれに該当する。

## 新しい人権

近年，憲法の幸福追求権（13条）や生存権（25条）を根拠として，憲法には明文で規定されてはいないが，**プライバシー権**や**肖像権**などの**人格権**や，**環境権**や日照権などの健康に生きる権利，**知る権利**，尊厳死の権利などが，新しい人権として認められたり主張されたりするようになった。

なお，環境権は学説上主張されている権利です。判例上は，環境権の内容が不明確であることなどを理由に，具体的な権利であるとは認められていません。

**基本的人権の分類**

| | |
|---|---|
| 自由権 | **精神の自由（精神的自由権）**<br>●思想・良心の自由（19条）<br>●信教の自由（20条）<br>●表現の自由（言論・出版の自由，集会・結社の自由）（21条）<br>●学問の自由（23条）<br><br>**経済の自由（経済的自由権）**<br>●居住・移転・職業選択の自由（22条）<br>●外国移住・国籍離脱の自由（22条）<br>●財産権の不可侵（29条）<br><br>**人身の自由**<br>●奴隷的拘束・苦役からの自由（18条）<br>●適正手続の保障（31条）<br>●刑事上の諸権利（33～39条） |
| 平等権 | ●法の下の平等（14条）<br>●家族生活における男女の本質的平等（24条）<br>●参政権の平等（普通選挙の原理）（44条） |
| 社会権 | ●生存権（25条）<br>●教育を受ける権利（26条）<br>●勤労の権利（27条）<br>●労働基本権（28条） |
| 参政権 | ●公務員の選定・罷免権（15条）<br>●選挙権・被選挙権（15条）<br>●最高裁判所裁判官の国民審査権（79条）<br>●地方公共団体における特別法の住民投票（95条）<br>●憲法改正の国民投票（96条） |

最高裁が正面から認めたものは，プライバシー権としての肖像権ぐらいです。

| | |
|---|---|
| 国務請求権 | ●請願権(16条)<br>●国家賠償請求権(17条)<br>●裁判を受ける権利(32条, 37条)<br>●刑事補償請求権(40条) |
| 新しい人権 | ●人格権(プライバシー権, 肖像権等)<br>●健康に生きる権利(環境権, 日照権等)<br>●知る権利<br>●尊厳死の権利　　等 |

## 2 公務員と外国人の人権

### 公務員の人権

わが国の公務員は, その地位の特殊性や職務の公共性から, 労働基本権（28条）が制限されている。

具体的には, **団体行動権**についてはすべての公務員に認められない。

また, 警察官や自衛官, 消防士, 海上保安官などは, 治安維持や安全保障に直結する業務であり, 民間企業とは異なって, その業務をほかの企業などに代わりに行わせることは難しいことから, これらのような実力行動に関係する公務員には, **団結権・団体交渉権**は認められていない。

これに対し, 公営企業などの職員のような**現業**の公務員については, 団結権と団体交渉権が認められている。また, 非現業の一般公務員について

**現業**
国や地方公共団体の業務のうち, 公権力に直接係わらないもののこと。国有林野事業がこれに該当する。

は，団結権が認められ，団体交渉権についても一部が認められている。

**公務員の労働三権の保障**

| | 団結権 | 団体交渉権 | 団体行動権（争議権） |
|---|---|---|---|
| 警察・消防・自衛隊・海上保安庁・監獄の職員 | × | × | × |
| 非現業の一般の公務員 | ○ | △（一部は認められる） | × |
| 現業の公務員 | ○ | ○ | × |

## 外国人の人権

最高裁判所の判例によれば，日本国憲法の基本的人権の保障は，「権利の性質上，日本国民を対象としていると解されるものを除き，わが国に在留する外国人に対しても等しく及ぶ」（マクリーン事件判例）。

具体的には，**自由権**，**平等権**，**国務請求権**（**受益権**）は外国人にも保障される。

一方，外国人に保障されない人権としては，**社会権**のほか，選挙権・被選挙権，憲法改正の国民投票などの，国政・都道府県レベルの**参政権**が挙げられる。また，**入国**の自由や，引き続き日本に**在留**することを求める権利も認められない。

**外国人の自由権の制限**
政治活動の自由は，国の政治的意思決定またはその実施に影響を及ぼすような活動は認められない。
また，経済的自由は，立法政策上，合理的な範囲で制限され得る。

外国人の人権の保障

| | |
|---|---|
| 保障されないもの | ●社会権<br>●参政権(国政・都道府県レベル)<br>●入国の自由（わが国に在留する権利も含む） |
| 保障されるもの | ●自由権<br>※政治活動の自由は，国の政治的意思決定またはその実施に影響を及ぼすような活動は禁止される。<br>※経済的自由は，立法政策上，合理的な範囲で制限され得る。<br>●平等権<br>●国務請求権(受益権) |

## 3 社会権の保障の確立

基本的人権の歴史において，18世紀では平等権と自由権の保障が重視されていた。自由権は「国家からの自由」とも呼ばれ，国家の任務は国防と社会秩序維持のみとする消極的国家・夜警国家の理念の下で，平等権・自由権がまず保障されたのである。

そして，19世紀に入ると，平等権・自由権を確保するために，「国家への自由」として参政権が重視されるようになった。

しかし，平等権・自由権の形式的な保障が経済的・社会的弱者の増大などの弊害をもたらし，自由・平等の実質的な保障が必要とされるように

**外国人の参政権**
最高裁判所の判例は，市町村レベルにおいては，永住外国人に選挙権を与えることは憲法では禁止されていない（法律によって選挙権を与えることとしても必ずしも憲法には反しない）としている。

**国家からの自由**
⇒ p.23 参照。

なった。そこで，20世紀になると，国家が国民に対して人間らしい生活をすることを保障するという**積極的国家・福祉国家**の理念の下，**社会権**の保障が確立された。社会権を世界で最初に規定した憲法は，1919年のドイツの**ワイマール憲法**である。

## 4 主要な人権宣言・憲法

人権の思想は，イギリスで最も早く登場した。1215年の**マグナ・カルタ（大憲章）**において，初めて基本的人権の思想が登場し，1689年の**権利章典**において，「王は君臨すれども統治せず」という**立憲君主政**の原則が確立し，**議会政治**確立の第一歩となった。

その後，1776年にアメリカで，世界で最初の人権宣言である**バージニア権利章典**が採択された。これは，人は生まれながらにして人間として不可侵の権利を有するという，**天賦人権**思想を盛り込んだものである。

1789年には，フランスの国民議会が，自由権，平等権，国民主権，権力分立，私有財産の不可侵などを規定する**人権宣言**を発表した。

1919年のドイツの**ワイマール憲法**は，先述の通り**社会権**を初めて規定した憲法であり，男女平等の普通選挙を認めた点でも特徴がある。

1948年には，国連総会の決議により，人権尊重における「すべての人民とすべての国とが達成

**マグナ・カルタ（大憲章）**
貴族や都市がイギリス国王ジョンに対し，王権の制限や貴族の特権，都市の自由などを認めさせた文書。

**権利章典**
イギリスにおいて，国王は議会の承認なく立法や課税などを行うことができないという「権利の宣言」が法文化され，「権利の章典」として発布された。

**立憲君主政（立憲君主制）**
君主が主権を有しているが，憲法などによって君主の権限を制限し，国民の権利を保護する政治形態。

すべき共通の基準」として，**世界人権宣言**が採択された。

1966年には，国連総会の決議により，世界人権宣言を具体化する**国際人権規約**が採択された。

**主な人権宣言・憲法**

| | 年 | 国 | 特徴 |
|---|---|---|---|
| **マグナ・カルタ** | 1215 | イギリス | 基本的人権の思想が初めて登場 |
| **権利章典** | 1689 | イギリス | 議会政治確立の第一歩<br>「王は君臨すれども統治せず」 |
| **バージニア権利章典** | 1776 | アメリカ | 世界最初の人権宣言 |
| **フランス人権宣言** | 1789 | フランス | 自由権・平等権・国民主権・権力分立などを規定 |
| **ワイマール憲法** | 1919 | ドイツ | 世界で最初に社会権を規定 |
| **世界人権宣言** | 1948 | 国際連合 | すべての人民とすべての国とが達成すべき共通の基準 |
| **国際人権規約** | 1966 | 国際連合 | 国連総会で採択。世界人権宣言を具体化 |

**世界人権宣言**
人権保障の国際的基準を示す文書。加盟国に対して法的拘束力を持たないが，国連の活動において，この宣言の中の文言が引用されることが多い。

**国際人権規約**
加盟国に対して法的拘束力を有する条約であり，世界人権宣言によって宣言された人権を保障することを目的とする。

## TRY! 過去問にチャレンジ

**No.1** **日本国憲法が保障する自由権に関する記述として最も妥当なのはどれか。**

**【国家一般職／税務／社会人】**

**1** 日本国憲法は，人身の自由を保障しており，理由となっている犯罪を明示している令状の提示がなければ，いかなる場合にも逮捕されることはない。

**2** 日本国憲法は，思想・良心の自由を保障しているが，健全な思想を育成する具体的な手段として，国が出版物を検閲することが認められている。

**3** 日本国憲法は，表現の自由を保障しており，結婚後も夫婦がそれぞれの名字を称することが権利として条文上認められている。

**4** 日本国憲法は，職業選択の自由を保障しているが，一部の職業については，国の定める資格を必要とするなどの合理的な制限が認められている。

**5** 日本国憲法は，学問の自由を保障していることから，すべての国民がその意欲に応じた教育を受けることができるよう，義務教育が整備されている。

## 正答と解説

### No.1 の解説

**1✕** 憲法33条では，「何人も，**現行犯**として逮捕される場合を除いては，権限を有する司法官憲が発し，且つ理由となつている犯罪を明示する**令状**によらなければ，逮捕されない」と定められている。つまり，現行犯であれば令状の提示がなくても逮捕されることがある。

**2✕** 憲法21条2項において，「**検閲**は，これをしてはならない」と定められている（⇒ p.24参照）。検閲の禁止は，**表現の自由**に関する規定の１つである。

**3✕** 憲法には，夫婦の名字に関する規定はない。民法750条において「夫婦は，婚姻の際に定めるところに従い，夫又は妻の氏を称する」と定められている。

**4〇** 憲法22条1項では，「何人も，**公共の福祉**に反しない限り，居住，移転及び職業選択の自由を有する」と定められている。職業選択の自由については，**消極目的**または**積極目的**による一定の制限が認められている（⇒ p.24参照）。

**5✕** 学問の自由については，憲法23条において「学問の自由は，これを保障する」と定められている。また，憲法26条1項において**教育を受ける権利**が保障されているが，そこでは「すべて国民は，（中略）その**能力**に応じて，ひとしく教育を受ける権利を有する」と定められている。「意欲」に応じた教育を受ける権利は保障されていない。

★★★

テーマ 03

# 国会・内閣・裁判所

- 国会および議院の権限，議員の特権を確認しよう。
- 国会の種類と二院制について確認しよう。
- 内閣の構成と権限，総辞職について確認しよう。
- 裁判所の構成や司法権の独立について確認しよう。

## 1 国会の地位と権限

### 国会の地位

わが国では三権分立制（権力分立制）が採用されており，立法権は国会が，行政権は内閣が，司法権は裁判所が行使する。日本国憲法において，国会は，**国権の最高機関**であって，**国の唯一の立法機関**であるとされている。国会が唯一の立法機関であることから，国会議員は法律案を国会に提出することができる。国会議員が議案を発議するには，衆議院では議員 20 人以上，参議院では議員 10 人以上の賛成が必要となる。なお，予算を伴う法律案を発議するには，衆議院では議員 50 人以上，参議院では議員 20 人以上の賛成が必要となる（国会法 56 条 1 項）。

なお，法律案の提出権は，国会議員だけでなく衆議院および参議院の各議院の委員会（国会法 50 条の 2）や内閣（憲法 72 条，内閣法 5 条）にも認められている。

**三権分立制**
⇒ p.15-16 参照。

**国権の最高機関**
⇒憲法 41 条に定められている（⇒ p.13 参照）。

**国会法 50 条の2**
委員会は，その所管に属する事項に関し，法律案を提出することができる。

**憲法 72 条**
内閣総理大臣は，内閣を代表して議案を国会に提出し，（後略）

**内閣法５条**
内閣総理大臣は，内閣を代表して内閣提出の法律案，予算その他の議案を国会に提出し，（後略）

## 国会の権限

国会は，立法，行政の監督・一般国務，財政に関して，以下のような権限を有している。

### (1) 立法に関する権限

国会は，「唯一の立法機関」として，両議院で法律案を可決して法律を制定する（憲法59条1項）。また，内閣が外国との間で条約を締結するときには，事前に（時宜によっては事後に）国会の承認が必要となる（憲法73条3号但書, 61条）。

さらに，国会は各議院の総議員の3分の2以上の賛成によって，日本国憲法の改正を発議することができる（憲法96条1項）。

憲法を改正する際は国会の発議を受けて国民投票を実施し，そこで過半数の賛成が得られた後に，天皇がこれを国民の名で公布するという手続がとられます。

### (2) 行政の監督・一般国務に関する権限

国会は，議決によって，国会議員の中から内閣総理大臣を指名する。この指名は他のすべての案件に先立って行われる（憲法67条1項）。

また，国会は，罷免の訴追を受けた裁判官を裁判するため，両議院の議員で組織する弾劾裁判所を設置することができる（憲法64条1項）。

### (3) 財政に関する権限

租税法律主義の原則によって，租税を変更するときや新たに租税を課すときには，法律の根拠が必要となる（憲法84条）。

国の収入・支出（歳入・歳出）は，予算という

**租税法律主義の原則**
租税の賦課・徴収を行うには，国会の議決する法律によらなければならないという原則のこと。憲法84条は「あらたに租税を課し，又は現行の租税を変更するには，法律又は法律の定める条件によることを必要とする」と規定し，この原則を定めている。

形式によって国会の審議を受け議決を経なければならない（憲法86条）。また，国の収入・支出の決算は，会計検査院による検査を経た後，国会が審査する（憲法90条1項）。

**決算**
一会計年度における国の収入・支出の実績を示す，確定的な計算書のこと。

**国会の主な権限**

| | |
|---|---|
| **立法権** | ●法律の制定<br>●条約の承認<br>●憲法改正の発議 |
| **行政監督権** | ●内閣総理大臣の指名<br>●弾劾裁判所の設置 |
| **財政権** | ●課税に対する議決<br>●予算の議決<br>●決算の議決<br>●財政状況の報告処理 |

## 議院の権限

### （1） 議院の主な権限

衆参両議院は，それぞれ独立に，ほかの国家機関やほかの議院から干渉を受けずに議院の組織構成や運営に関して自主的に決定する権限を有している。

各議院が有する主な権限としては，会期前に逮捕された所属議員の釈放を要求する**釈放要求権**（憲法50条），所属議員の資格に関する争訟を裁判する**議員資格争訟の裁判権**（憲法55条），議院の会議その他の手続および内部の規律に関す

**憲法50条**
両議院の議員は，法律の定める場合を除いては，国会の会期中逮捕されず，会期前に逮捕された議員は，その議院の要求があれば，会期中これを釈放しなければならない。

**憲法55条**
両議院は，各々その議員の資格に関する争訟を裁判する。（後略）

る規則を定めることができる**議院規則制定権**（憲法58条2項），院内の秩序を乱した議員に懲罰を加える**議員懲罰権**（憲法58条2項），立法・財政などに関する権限を有効かつ適切に行使するために，広く国政に関する事項を調査する権限である**国政調査権**（憲法62条）が挙げられる。

### (2) 国政調査権

各議院は，**独立**して国政調査権を行使できる。国政調査権によって，各議院は**証人の出頭**や**証言・記録の提出**を要求することができる。

国政調査権が及ぶ範囲については，立法や財政に関する事項のほか，司法に関する立法や予算の審議のために必要である場合には，裁判所で審理中の事件に関する調査であっても国政調査の対象とすることが許される。また，裁判所の審理に関する事実について，適法な調査目的で裁判所と並行して行う国政調査も許される。ただし，司法権の独立を侵さないようにすることが必要であり，裁判官の裁判活動に事実上重大な影響を及ぼすような調査を行うことは許されない。

また，**公務員**の職務上の秘密に関する事項には及ばない。

なお，両議院は，国政調査権の行使に際して，逮捕・捜索・押収のような**強制手段**を行うことは許されない。

**憲法58条2項**
両議院は，各々その会議その他の手続及び内部の規律に関する規則を定め，又，院内の秩序をみだした議員を懲罰することができる。(後略)

**憲法62条**
両議院は，各々国政に関する調査を行ひ，これに関して，証人の出頭及び証言並びに記録の提出を要求することができる。

公務員試験との関係では，特に国政調査権が重要です。

## 国会議員の特権

国会議員には，憲法上，歳費受領権，不逮捕特権，免責特権が保障されている。

### (1) 歳費受領権

国会議員は，一般職の国家公務員の最高の給与額より少なくない**歳費**を受けることが保障されている（憲法49条，国会法35条）。

### (2) 不逮捕特権

国会議員は，一定の場合を除いて，**国会の会期中**は逮捕されず，会期前に逮捕された議員は，その議院の要求があれば会期中に釈放しなければならないという不逮捕特権を有する（憲法50条）。

例外として，**院外**における**現行犯**の場合と，議員の所属する**議院**の**許諾**がある場合には，不逮捕特権は及ばない（国会法33条）。

### (3) 免責特権

議院における国会議員の自由な発言や表決を保障するために，国会議員は，**議院**で行った演説・討論・表決については**院外**で責任を問われないという免責特権を有する（憲法51条）。民事責任，刑事責任について免責される。

**憲法49条**
両議院の議員は，法律の定めるところにより，国庫から相当額の歳費を受ける。

**国会法35条**
議員は，一般職の国家公務員の最高の給与額（地域手当等の手当を除く）より少なくない歳費を受ける。

**憲法50条**
⇒ p.38 参照。

**国会法33条**
各議院の議員は，院外における現行犯罪の場合を除いては，会期中その院の許諾がなければ逮捕されない。

**憲法51条**
両議院の議員は，議院で行つた演説，討論又は表決について，院外で責任を問はれない。

**国会議員の特権**

| | |
|---|---|
| **歳費受領権** | 一般職の国家公務員の最高の給与額より少なくない歳費を受領する。 |
| **不逮捕特権** | 国会の会期中は逮捕されず，会期前に逮捕された議員は，その議院の要求があれば会期中に釈放しなければならない。<br>【例外】<br>①院外における現行犯の場合，②所属議院の許諾がある場合 |
| **免責特権** | 議院で行った演説・討論・表決について院外で責任を問われない。 |

## 2 国会の種類

国会の種類には，**常会（通常国会）**，**臨時会（臨時国会）**，**特別会（特別国会）**の３種類がある。

**国会の種類**
左の３つのほかに特殊なものとして，参議院の緊急集会があります。

### 常会（通常国会）

常会は，毎年１回，１月に召集される国会であり，会期は150日で，１回まで会期の延長が可能である。次年度予算の審議が主な議題となる。

### 臨時会（臨時国会）

臨時会は，必要に応じて臨時に召集される国会である。具体的には，①内閣が必要とするとき，②衆議院または参議院の４分の１以上の要求があったとき，③衆議院議員の任期満了による総選挙または参議院議員の通常選挙が行われたとき，のいずれかに該当する場合に，内閣の召集決定により開かれる（憲法53条，国会法2条の3）。

臨時会の会期は両議院一致の議決によって定められ，2回まで延長が可能である。主な議題は予算，外交，その他国政上緊急に必要な議事である。

### 特別会（特別国会）

特別会は，衆議院の解散総選挙の日から30日以内に召集される国会である（憲法54条1項）。会期は，臨時会と同じく両議院一致の議決によって定められ，2回まで延長が可能である。特別会では，内閣総理大臣の指名が審議の中心となる。

## 3 二院制と衆議院の優越

### 二院制

国会は，衆議院と参議院の両議院で構成される。

参議院の存在意義は，衆議院に再考の機会を与え，法律案の審議に慎重を期すことにある。

衆議院と参議院には，それぞれ本会議と常任委員会および特別委員会からなる委員会があり，議案については，実質的な審議はこれらの委員会で行われ，委員会の採決を経た後，各議院の本会議で審議・議決される。

衆議院には解散があるが，参議院には解散が存

**憲法53条**
内閣は，国会の臨時会の召集を決定することができる。いづれかの議院の総議員の四分の一以上の要求があれば，内閣は，その召集を決定しなければならない。

**国会法2条の3**
1　衆議院議員の任期満了による総選挙が行われたときは，その任期が始まる日から三十日以内に臨時会を召集しなければならない。(後略)
2　参議院議員の通常選挙が行われたときは，その任期が始まる日から三十日以内に臨時会を召集しなければならない。(後略)

**憲法54条1項**
衆議院が解散されたときは，解散の日から四十日以内に，衆議院議員の総選挙を行ひ，その選挙の日から三十日以内に，国会を召集しなければならない。

在しない。任期は，衆議院が４年であるのに対し，参議院は６年（３年ごとに半数が改選）である。

国会は，両院の同時活動の原則により，衆議院が解散されたときは，参議院も同時に閉会となる（憲法54条２項本文）。ただし，衆議院が解散中であっても，内閣は，国に緊急の必要が生じたときは，参議院の緊急集会を求めることができる（同但書）。

**憲法54条２項**
衆議院が解散されたときは，参議院は，同時に閉会となる。但し，内閣は，国に緊急の必要があるときは，参議院の緊急集会を求めることができる。

## 衆議院の優越

衆議院の参議院に対する優越は，法律・予算の議決，内閣総理大臣の指名，条約の承認において認められている。

衆議院で可決した法案を参議院が否決した場合，衆議院が出席議員の３分の２以上の多数で再可決すれば，それが国会の議決となる（憲法59条２項）。また，予算，条約の承認，内閣総理大臣の指名の議決について衆参両院の議決が異なる場合は，両院協議会を開催しなければならない。それでも合意がなされない場合には，衆議院の議決が国会の議決となる。

**憲法59条２項**
衆議院で可決し，参議院でこれと異なつた議決をした法律案は，衆議院で出席議員の三分の二以上の多数で再び可決したときは，法律となる。

衆議院の先議権は予算についてのみ認められている（憲法60条１項）。法律案の議決は，上述のとおり衆議院の優越が認められるが，衆議院の先議権は認められていない。

**憲法60条１項**
予算は，さきに衆議院に提出しなければならない。

衆議院は内閣に対して不信任決議を行うことが

できる。参議院は不信任決議権を持たないが，問責決議を行い，内閣に責任を問うことができる。衆議院の不信任決議には法的効果があるが，参議院の問責決議は法的効果は持たず，政治的意味を持つにとどまる。

## 4 内閣の構成と権限

わが国の行政権は内閣に属する（憲法65条）。行政権とは，国会が制定した法律を具体的に執行する権限であり，実際の行政事務は，内閣の下に設けられた内閣府や各省などの行政各部がそれぞれ担当している。内閣は，内閣総理大臣を通じて行政各部を指揮監督し，行政の全体を統括する地位にある。

**憲法65条**
行政権は，内閣に属する。

### 内閣の構成

内閣は，内閣総理大臣と国務大臣で構成されている。日本国憲法は，行政権の行使について内閣は国会に対し連帯して責任を負うという，議院内閣制を採用している（憲法66条3項）。

**憲法66条3項**
内閣は，行政権の行使について，国会に対し連帯して責任を負ふ。

### （1） 内閣総理大臣

かつての大日本帝国憲法下では，内閣総理大臣は他の国務大臣と対等の存在とされ，同輩中の首席という地位に置かれていた（⇒ p.17 参照）。これに対し，日本国憲法は内閣総理大臣を内閣の**首長**と位置づけている（憲法66条1項）。

内閣総理大臣は，**国会議員**の中から**国会**の議決により**指名**され，**天皇**が**任命**する（憲法67条1項，6条1項）。内閣総理大臣は衆議院議員と参議院議員のどちらでもよい。ただし，国会においては衆議院が参議院よりも優越的な地位を占めていることから，実際には衆議院議員から内閣総理大臣が選出されている。

なお，内閣総理大臣は**文民**でなければならない（憲法66条2項）。

### (2) 国務大臣

国務大臣は，各省庁の長であり，**内閣総理大臣**が**任命**し，**天皇**が**認証**する。国務大臣の**過半数**は**国会議員**の中から選ばれなければならない（憲法68条1項，7条5号）。

また，内閣総理大臣と同様に，国務大臣は**文民**でなければならない（憲法66条2項）。

**内閣の構成**

| | |
|---|---|
| **内閣総理大臣** | ●内閣の首長<br>●国会議員の中から国会が指名し，天皇が任命 |
| **国務大臣** | ●内閣総理大臣が任命し，天皇が認証<br>●過半数は国会議員でなくてはならない<br>●在任中，内閣総理大臣の同意がなければ訴追されない |

**憲法66条1項**
内閣は，法律の定めるところにより，その首長たる内閣総理大臣及びその他の国務大臣でこれを組織する。

**文民**
一般的には軍人ではない者のことをいうが，憲法における「文民」は，政府見解によれば次の2つに当てはまらない者を意味する。
①旧陸海軍の職業軍人の経歴を有する者であって，軍国主義的思想に深く染まっていると考えられる者
②自衛官である者

**憲法68条1項**
内閣総理大臣は，国務大臣を任命する。但し，その過半数は，国会議員の中から選ばれなければならない。

**憲法7条**
天皇は，内閣の助言と承認により，国民のために，左の国事に関する行為を行ふ。
（5号）
国務大臣及び法律の定めるその他の官吏の任免並びに全権委任状及び大使及び公使の信任状を認証すること。

## 内閣および内閣総理大臣の権限

内閣は，条約の締結や恩赦の決定をし，天皇の国事行為に対して助言と承認をする権限を有する（憲法7条，73条）。

また，内閣は条約の締結を行うことができるが，事前または事後に**国会の承認**を得なければならない（憲法73条3号；⇒ p.37参照）。

内閣総理大臣は，任意に他の国務大臣を罷免することができ，罷免について国会の同意は必要とされない（憲法68条2項）。国務大臣の罷免は，内閣総理大臣の専権事項とされており，国務大臣の罷免に際してなんらかの議決が求められることはない。

**憲法73条**
内閣は，他の一般行政事務の外，左の事務を行ふ。
（3号）
条約を締結すること。但し，事前に，時宜によつては事後に，国会の承認を経ることを必要とする。
（7号）
大赦，特赦，減刑，刑の執行の免除及び復権を決定すること。

**憲法68条2項**
内閣総理大臣は，任意に国務大臣を罷免することができる。

**内閣と内閣総理大臣の主な権能**

| | |
|---|---|
| 内閣の権能 | ●一般行政事務　●法律の執行と国務の総理<br>●外交関係の処理　●条約の締結（国会の承認が必要）<br>●官吏に関する事務の掌握<br>●予算の作成　●政令の制定　●恩赦の決定<br>●天皇の国事行為についての助言と承認<br>●国会の臨時会の召集の決定　●参議院の緊急集会の要求<br>●法律案の作成　●最高裁判所長官以外の裁判官の任命 |
| 内閣総理大臣の権能 | ●国務大臣の任命・罷免　●国務大臣の訴追の同意<br>●内閣を代表して議案（法律案・予算案など）を国会へ提出<br>●一般国務および外交関係について内閣を代表して国会へ報告<br>●内閣を代表して行政各部の指揮監督<br>●法律・政令の署名および連署 |

## 5 内閣の総辞職

内閣は，以下の場合に総辞職する。

①衆議院で不信任決議案が可決され，または信任の決議案が否決され，10日以内に衆議院が解散されないとき（憲法69条）。

②内閣総理大臣が欠けたとき（憲法70条）。

③衆議院議員総選挙の後に初めて国会が召集されたとき（憲法70条）。

④内閣総理大臣が辞意を表明したとき。

**憲法69条**
内閣は，衆議院で不信任の決議案を可決し，又は信任の決議案を否決したときは，十日以内に衆議院が解散されない限り，総辞職をしなければならない。

**憲法70条**
内閣総理大臣が欠けたとき，又は衆議院議員総選挙の後に初めて国会の召集があつたときは，内閣は，総辞職をしなければならない。

## 6 わが国の司法制度

日本国憲法は，三権分立制（権力分立制）のもと，司法権は裁判所のみに属することを明らかにしている（憲法76条1項）。

**憲法76条1項**
すべて司法権は，最高裁判所及び法律の定めるところにより設置する下級裁判所に属する。

### わが国の裁判所および裁判の仕組み

**（1）　裁判所の構成**

わが国の裁判所は最高裁判所と下級裁判所から構成されている。下級裁判所に分類されるのは，高等裁判所，地方裁判所，家庭裁判所，簡易裁判所である。

最高裁判所は，法律や命令，規則などが憲法に反していないか判断する権限（違憲審査権）を有している。

最高裁判所は，長官１名と長官以外の最高裁判所裁判官（＝その他の判事）14 名からなる。このうち天皇によって任命されるのは，司法府の長たる最高裁判所長官のみである（憲法６条２項，裁判所法 39 条２項）。

なお，日本国憲法は，司法権の独立を守るために，大日本帝国憲法下の行政裁判所のような**特別裁判所**の設置を禁止している(憲法76条２項前段)。

### (2) 裁判の仕組み

日本国憲法は，裁判は**公開**の法廷で行わなければならないことを定めているが，例外として，公の秩序または善良の風俗を害するおそれがある場合には，**対審**（裁判の審理）を非公開にすることができる（憲法 82 条２項）。ただし，**判決**は必ず公開しなければならない。

裁判は，原則として**三審制**をとっている。三審制のもとでは，**控訴**や**上告**を通じて判決の見直しを求める機会が最大２回与えられている。

### (3) 違憲審査権（違憲立法審査権）

法令などが憲法に違反するか否かを審査する**違憲審査権**（**違憲立法審査権**）は，最高裁判所のみに認められた権限ではなく，**下級裁判所**も違憲審査権を有している。裁判所の違憲審査権は，一切の**法律**，**命令**，**規則**，**処分**に及ぶ（憲法 81 条）。

なお，わが国の裁判所は法令などの違憲性を抽

**憲法6条2項**
天皇は，内閣の指名に基いて，最高裁判所の長たる裁判官を任命する。

**裁判所法 39 条2項**
最高裁判所判事は，内閣でこれを任命する。

**憲法 82 条2項**
裁判所が，裁判官の全員一致で，公の秩序又は善良の風俗を害する虞があると決した場合には，対審は，公開しないでこれを行ふことができる。但し，政治犯罪，出版に関する犯罪又はこの憲法第三章で保障する国民の権利が問題となつてゐる事件の対審は，常にこれを公開しなければならない。

**憲法 81 条**
最高裁判所は，一切の法律，命令，規則又は処分が憲法に適合するかしないかを決定する権限を有する終審裁判所である。

象的に審査することはできず，具体的事件の裁判の中でのみこれを行使することができる。

### (4)　裁判官の地位

裁判官の地位は，以下のように区分される。

**裁判官の地位**

| | 指名 | 任命 | 任期 |
|---|---|---|---|
| **最高裁判所長官** | 内閣 | 天皇 | なし |
| **最高裁判所裁判官（長官を除く）** | なし | 内閣（天皇が認証） | なし |
| **下級裁判所裁判官** | 最高裁判所 | 内閣（高等裁判所長官のみ，天皇が認証） | 10年 |

## 司法権の独立

司法権は，公正な裁判を保障するために裁判所のみに与えられており（⇒ p.47 参照），立法権・行政権から独立している。また，特別裁判所の設置は禁止されている（⇒ p.48 参照）。

### (1)　裁判官の独立

裁判官は，憲法および法律にのみ拘束される（憲法 76 条 3 項）。

法律を改廃する権限は国会に与えられているため（41 条；⇒ p.13, 36 参照），たとえ違憲の法律であっても，裁判所が勝手にこれを改廃することはできません。

**憲法 76 条 2 項**
特別裁判所は，これを設置することができない。行政機関は，終審として裁判を行ふことができない。

**憲法 76 条 3 項**
すべて裁判官は，その良心に従ひ独立してその職権を行ひ，この憲法及び法律にのみ拘束される。

### (2) 裁判官の身分保障

公正な裁判を実現するために裁判官の身分は保障されており，内閣をはじめとする行政機関が裁判官の罷免や懲戒処分を行うことは禁止されている。裁判官が罷免されるのは，①**裁判**により，**心身の故障**のために職務を執ることができないと決定された場合，②**公の弾劾**（**弾劾裁判**）による場合，のみである（憲法78条）。

**国民審査**は，国民の投票によって最高裁判所の裁判官（長官を含む）を罷免することを可能にする制度である。各裁判官について，任命後初の衆議院議員総選挙の際に実施され，その後は10年を超えるごとに衆議院議員総選挙の際に実施される（憲法79条2項）。

**〈裁判官が罷免される場合〉**

①裁判によって，心身の故障のために職務を執ることができないと決定された場合
②公の弾劾（弾劾裁判）による場合
③国民審査による罷免の場合（※最高裁判所裁判官のみ）

**憲法78条**
裁判官は，裁判により，心身の故障のために職務を執ることができないと決定された場合を除いては，公の弾劾によらなければ罷免されない。裁判官の懲戒処分は，行政機関がこれを行ふことはできない。

**憲法79条2項**
最高裁判所の裁判官の任命は，その任命後初めて行はれる衆議院議員総選挙の際国民の審査に付し，その後十年を経過した後初めて行はれる衆議院議員総選挙の際更に審査に付し，その後も同様とする。

## 裁判員制度

裁判員制度は，刑事裁判に国民の意見や感覚を反映し，わかりやすいものにするために，2009年から導入された。

裁判員裁判は，すべての刑事事件に導入されて

いるのではない。死刑または無期懲役もしくは無期禁錮に当たる罪に係る事件など，重大な刑事事件に限り，第一審（地方裁判所での審理）にのみ，裁判員の司法参加が認められている（裁判員法2条1項）。裁判員は，選挙人名簿からくじで選出され，20歳以上の国民が対象となる。

裁判員裁判は，3名の裁判官および一般市民から選ばれた原則6名の裁判員の合議によって行われる（裁判員法67条）。裁判員は事件ごとに選出され，その任期は裁判が終わるまでである。なお，裁判員候補者名簿は1年ごとに作成されている。

裁判員裁判の審理，評議，評決は，原則として裁判員6名と裁判官3名の合議体によって行われる。評決は多数決で行われるが，被告人を有罪とするには少なくとも1名の裁判官がそれに同意する必要がある。

## TRY! 過去問にチャレンジ

**No.1**　**わが国の国会に関する記述として，妥当なのはどれか。**

**【特別区】**

**1**　国会は，衆議院と参議院の両議院で構成され，内閣不信任案の議決権は，参議院にだけ認められている。

**2**　国会の両議院は，国政調査権を有し，これにより，証人の出頭や証言，記録の提出を要求することができる。

**3**　国会は，罷免の訴追を受けた国務大臣を裁判するため，両議院の議員で組織する弾劾裁判所を設置することができる。

**4**　国民の代表によって構成される国会は，国権の最高機関として，立法権，行政権および司法権のすべてを行使する。

**5**　国会議員には，議院で行った演説，討論または表決について院外で責任を問われないという不逮捕特権が認められている。

## 正答と解説

### No.1 の解説

**1×** 内閣不信任案の議決権は，**衆議院**にだけ認められている。

**2○** 憲法 62 条の内容と一致する（⇒ p.39）。

**3×** 国会は，罷免の訴追を受けた**裁判官**を裁判するため，両議院の議員で組織する弾劾裁判所を設ける（憲法 64 条 1 項）。

**4×** 日本では**三権分立制**が採用されており，立法権は**国会**が，行政権は**内閣**が，司法権は**裁判所**が行使する。

**5×** 国会議員には，議院で行った演説，討論または表決について院外で責任を問われないという**免責特権**が認められている。不逮捕特権とは，国会議員は一定の場合を除いて**国会の会期中**は逮捕されず，会期前に逮捕された議員は，その**議院**の要求があれば会期中に釈放しなければならないというものである（⇒ p.40）。

★★

テーマ 04

# 地方自治

・地方公共団体の種類と組織を確認しよう。
・地方財政のポイントを押さえよう。
　また，地方公共団体の事務を確認しよう。
・住民，首長，議会の関係を整理しよう。

## 1 地方公共団体の種類と組織

地方自治は民主主義の基礎になるものであり，「民主主義の学校」といわれる。大日本帝国憲法においては，国に強い権限を認める中央集権的なシステムが採用されていたため，地方自治に関する規定は設けられていなかった。これに対し，日本国憲法は8章「地方自治」(92～95条)において，地方自治に関する規定を設けている。

**地方自治は民主主義の学校**
イギリスの政治家ブライス（Bryce, 1838-1922）の言葉である。

大日本帝国憲法と日本国憲法の違いについてはp.16-19 を参照してください。

### 地方自治の本旨（団体自治と住民自治）

日本国憲法は，「地方公共団体の組織及び運営に関する事項は，地方自治の本旨に基いて，法律でこれを定める」（憲法92条）と規定し，地方自治の原則を示している。この憲法の規定を受けて，地方自治法に，地方公共団体の組織および運営に関する事項が定められている。

憲法92条にいう「地方自治の本旨」は，団体自治と住民自治からなっている。団体自治とは，地方自治が，国から独立した団体にゆだねられ，その団体がその地域内の行政を処理し，自治を行うことを意味する。住民自治とは，地方自治が，住民の意思によって運営されることを意味する。

団体自治の観点から，地方公共団体には，課税権などの自治権が認められている（憲法94条）。また，住民自治の観点から，地方公共団体の住民には，地方自治法によって，条例の制定・改廃の請求権（イニシアティブ）や地方公共団体の長・議員の解職請求権（リコール）が認められている。

**憲法94条**
⇒p.58参照。

**地方自治の本旨（団体自治と住民自治）**

| | |
|---|---|
| **団体自治** | 地方自治が，国から独立した団体にゆだねられ，その団体がその地域内の行政を処理し，自治を行うこと |
| **住民自治** | 地方自治が，住民の意思によって運営されること |

## 地方公共団体の種類

地方自治法が規定する地方公共団体は，**普通地方公共団体**と**特別地方公共団体**である（地方自治法1条の3）。

### (1) 普通地方公共団体

普通地方公共団体は**都道府県**と**市町村**である。

### (2) 特別地方公共団体

特別地方公共団体は，**特別区**，**地方公共団体の組合**，**財産区**である。特別区に該当するのは，東京23区である。地方公共団体の組合とは，2つ

**特別区**
地方自治法281条において「都の区は，これを特別区という」と定められている。大都市の一体性・統一性を確保するという観点から導入されている制度である。

以上の地方公共団体が共同で事務を行う一部事務組合および広域連合のことである。財産区とは，市町村の一部の区域にある財産を管理するために設けられる特別地方公共団体のことである。

**地方公共団体の種類**

| | |
|---|---|
| **普通地方公共団体** | ●都道府県<br>●市町村 |
| **特別地方公共団体** | ●特別区（東京23区）<br>●地方公共団体の組合<br>●財産区 |

## 地方公共団体の組織

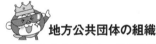

地方公共団体は，執行機関である**首長**と，議決機関である**地方議会**で組織される。首長とは，地方公共団体の長のことで，**都道府県知事**や**市町村長**のことである。地方議会とは，**都道府県議会**や**市町村議会**のことで，一院制である。

憲法は，地方公共団体の長である首長および地方議会の議員について，その地方公共団体の住民が**直接選挙**すると定めている（憲法93条2項）。

**憲法93条**
1　地方公共団体には，法律の定めるところにより，その議事機関として議会を設置する。
2　地方公共団体の長，その議会の議員及び法律の定めるその他の吏員は，その地方公共団体の住民が，直接これを選挙する。

### (1)　住民と首長の関係

地方公共団体の首長は，当該地方公共団体に引き続き3か月以上住所がある満18歳以上の住民による**直接選挙**によって選出され，任期は**4**年である。住民は，首長に対し，副知事・助役・出納長などの主要公務員の**解職**請求や，**条例**の制定・改廃の請求をすることができる。

また，普通地方公共団体には，その事業や財務に関して監査を行う執行機関である**監査委員**が必ず設置される（地方自治法195条1項）。住民は，首長などに違法・不当な公金の支出や財産の取得，債務の負担があると認められる場合など，一定の場合に監査委員に対して**監査請求**をすることができる（地方自治法242条1項）。

なお，一部の地方公共団体では，住民からの苦情を中立的な立場で調査し，その改善を首長等に勧告する，いわゆる**オンブズマン（行政監察官）制度**を採用している。ただし，地方公共団体にオンブズマンを設置することは義務ではない。

**住民と首長の関係**

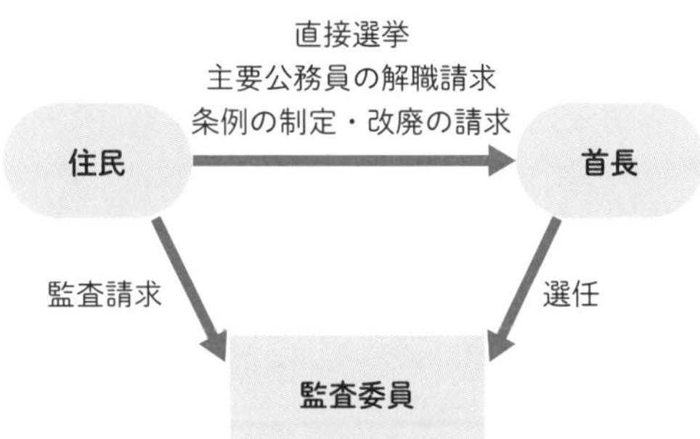


満30歳以上の日本国民は，都道府県知事の被選挙権を有します。また，満25歳以上の日本国民は，市町村長の被選挙権を有します。

**オンブズマン制度**
スウェーデンで始まった制度であり，オンブズマン（ombudsman）は本来「代理」を意味するスウェーデン語。日本では，1990年に川崎市で初めて導入された。

### (2) 住民と議会の関係

地方議会の議員は，当該地方公共団体の住民による直接選挙によって選出される。任期は4年である。議会は，その議決によって法律の範囲内で条例を制定する。住民は，地方議会の選挙によって選任された選挙管理委員で構成する選挙管理委員会に対し，首長や議員の解職請求や，議会の解散請求をすることができる。

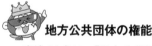

**住民と議会の関係**

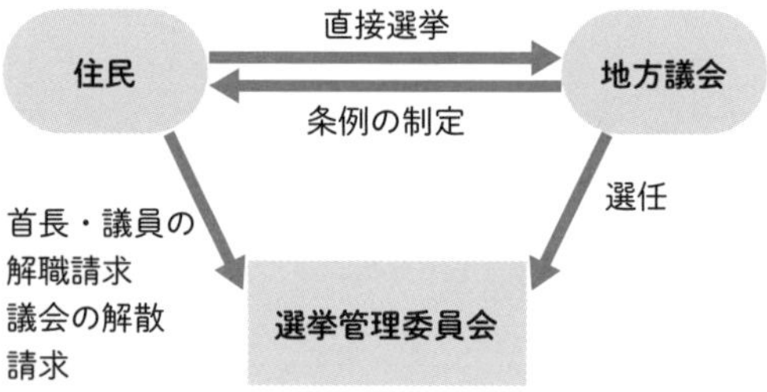


**選挙管理委員会**
1　普通地方公共団体に選挙管理委員会を置く。
2　選挙管理委員会は，4人の選挙管理委員を以てこれを組織する。
（地方自治法 181 条）

**選挙管理委員**
選挙管理委員は，選挙権を有する者で，人格が高潔で，政治及び選挙に関し公正な識見を有するもののうちから，普通地方公共団体の議会においてこれを選挙する。（地方自治法 182 条 1 項）

### 地方公共団体の権能

憲法 94 条は，「地方公共団体は，その財産を管理し，事務を処理し，及び行政を執行する権能を有し，法律の範囲内で条例を制定することができる」と規定しており，地方公共団体に，財産の管理，事務の処理，行政の執行などの自治行政権と，条例制定権を与えている。

## 2 首長と議会

### 地方公共団体の議決機関と執行機関

**(1) 議決機関**

地方公共団体の議決機関は，地方議会である。

**(2) 執行機関**

地方公共団体の執行機関としては，首長，首長の補助機関である副知事・助役・出納長のほか，行政委員会などが存在する。

**行政委員会**
首長への権限の集中を防ぎ，地方行政の民主化，政治的中立を確保するために設置される，首長から独立した執行機関である。監査委員，選挙管理委員会，教育委員会，人事委員会，公安委員会，収用委員会などがある。

### 首長と議会の関係

地方公共団体の首長と議会の議員は，ともに住民に直接選ばれ，対等の関係に立つ。

議会は，首長の不信任議決権を有する。これに対する対抗手段として，首長は議会の解散権を有する。議会が首長の不信任を決議した場合，首長はその通知を受けた日から10日以内に議会を解散することができる（地方自治法178条1項）。首長は，この解散をしないときは，辞職しなければならない（同2項）。また，首長は議会の議決に対する拒否権を有する。ただし，首長が拒否権を行使して議会に再議決を求めても，議会が出席議員の3分の2以上の多数で再可決した場合は議会の議決が優先される。

首長の不信任議決は，地方議会議員の3分の2以上が出席し，その4分の3以上の賛成を得る必要があります。

その他に，首長は，毎会計年度**予算**を調製し，年度開始前に議会の議決を経なければならない（地方自治法211条1項）。

**首長と議会の関係**

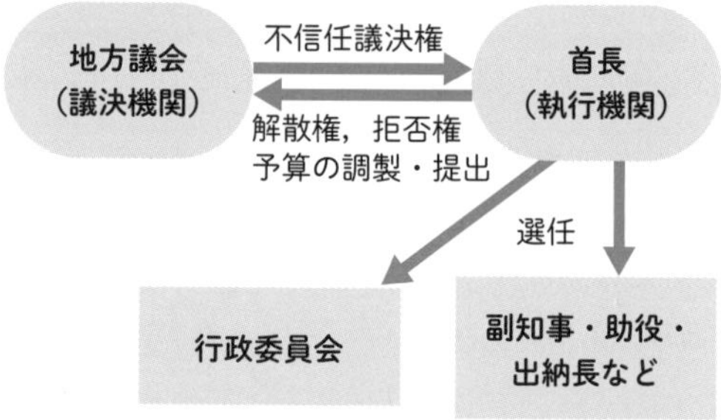


## 3 地方財政

地方公共団体の財源には，**自主財源**と**依存財源**がある。

自主財源とは，地方公共団体が自らの権限で徴収できる財源のことであり，都道府県税や市町村税などの**地方税**が代表的である。

依存財源とは，国または都道府県からの交付あるいはその意思決定による財源のことである。具体的には，**国庫支出金**，**地方交付税**，地方債，地方譲与税などがある。地方交付税は，地方公共団体間の財源の格差をなくすため，国税の一定割合を地方公共団体に交付するものであり，使途に制限はない。これに対し，国庫支出金は，国が**使途を指定**して地方公共団体に交付するものである。

**地方債**
地方自治体が，財政収入の不足を補う目的や特定事業の資金を調達する目的で，1会計年度を超えて行う借入れのこと。

**地方譲与税**
国税のうち，その全額または一部が一定の基準に従って地方公共団体に譲与されるもの。地方交付税のように，財源不足の程度に応じて交付されるものではない。

**地方公共団体の歳入の主たる構成**

| | |
|---|---|
| **自主財源** | 地方公共団体が自らの権限で徴収できる財源<br>(例)地方税(都道府県税，市町村税) |
| **依存財源** | 国または都道府県からの交付あるいはその意思決定による財源<br>(例)国庫支出金，地方交付税，地方債，地方譲与税　など |

## 4 地方公共団体の事務

地方公共団体の事務は，1999年に成立した地方分権一括法によって機関委任事務が廃止され，自治事務（地方自治法２条８項）と法定受託事務（同９項）のみとなっている。

自治事務とは，地方公共団体が自主的に処理する事務であり，法定受託事務とは，本来は国の事務に属するものだが，地方公共団体が委任を受けて行う事務である。

**機関委任事務**
地方公共団体の執行機関が法令に基づいて国または他の地方公共団体から委任され，国または他の地方公共団体の機関として処理する事務。

## 5 直接請求権と住民投票

### 地方公共団体の住民による直接請求権

住民は直接請求権を有しており，一定数以上の住民が署名することによって，議会の解散請求，首長・議員・主要公務員の解職請求，条例の制定・改廃請求，事務の監査請求をすることが認められている（⇒ p.56-58 参照）。

### (1) 条例の制定・改廃請求（イニシアティブ）

有権者である住民の50分の1以上の署名により，首長に対し，条例の制定または改廃を請求することができる。首長は，この請求を受理した後，20日以内に議会にかけて，その結果を公表しなければならない。

### (2) 事務の監査請求

有権者である住民の50分の1以上の署名により，監査委員に対し，普通地方公共団体の事務の執行に関して，監査の請求をすることができる。監査委員は，この請求を受けて監査を行い，監査の結果を公表するとともに，議会および長に提出しなければならない。

### (3) 首長・議員・主要公務員の解職請求（リコール）

有権者である住民の3分の1以上※の署名により，首長および地方議会議員の解職の請求の場合は選挙管理委員会に対して，主要公務員（副知事，副市長，出納長など）の解職請求の場合は首長に対して，それぞれ請求することができる。

首長の解職請求については，住民投票で過半数の同意があれば解職される。議員の解職請求については，選挙区の住民投票で過半数の同意があれば解職される。主要公務員の解職請求については，3分の2以上の議員が出席する議会で4分の3以上の同意があれば解職される。

（※）ただし，有権者である住民の総数が40万を超える場合には要件が緩和される。

### (4) 議会の解散請求

有権者である住民の3分の1以上の署名※により，選挙管理委員会に対し，議会の解散請求をすることができる。この請求を受けて行われた住民投票で過半数の同意があれば議会は解散する。

(※) ただし，有権者である住民の総数が40万を超える場合には要件が緩和される。

**直接請求**

| 請求の種類 | 請求先 | 必要署名数 |
|---|---|---|
| 条例の制定・改廃 | 首長 | 有権者の50分の1以上 |
| 事務の監査 | 監査委員 | |
| 首長・議員の解職 | 選挙管理委員会 | 有権者の3分の1以上※ |
| 主要公務員の解職 | 首長 | |
| 議会の解散 | 選挙管理委員会 | |

※有権者の総数が40万を超える場合は必要署名数が緩和される。

## 住民投票（レファレンダム）

地方公共団体における住民の直接参加制度として，住民投票（レファレンダム）が挙げられる。

国が，ある特定の地方公共団体のみに適用される特別法（地方特別法）を制定しようとする場合，その地方公共団体の有権者による住民投票においてその過半数の同意を得なければ，その地方特別法を制定することができない（憲法95条）。

また，地方公共団体が定めた条例に基づく住民投票は，住民の意思を行政に反映させる有効な手段ではあるものの，投票結果に法的拘束力はない。

**住民投票の種類**

①ある特定の地方公共団体のみに適用される特別法（地方特別法）の住民投票
②議会の解散請求成立後の住民投票
③首長・議員の解職請求成立後の住民投票
④住民投票条例に基づく住民投票

首長や議会はこの住民投票の結果を尊重ないし参考にはするが，これに従う法的な義務はない。

# TRY! 過去問にチャレンジ

**No.1**

**わが国の地方自治制度に関する記述として，妥当なのはどれか。**

**【特別区】**

**1**　地方自治の本旨は，団体自治と住民自治の２つからなり，団体自治の観点から，住民に，条例の制定・改廃の請求権（イニシアティブ）や地方公共団体の長・議員の解職請求権（リコール）が認められている。

**2**　地方公共団体の事務は，当該地方公共団体が固有の事務として独自に処理できる自治事務と，国が本来はたすべき仕事を法令に基づいて地方公共団体が執行する機関委任事務の２つに分類される。

**3**　一つの地方公共団体のみに適用される特別法は，その地方公共団体の有権者による住民投票（レファレンダム）においてその過半数の同意を得なければ，制定することができない。

**4**　地方公共団体の議会は首長に対して不信任決議権をもっているのに対し，首長は議会の解散権をもっていない。

**5**　地方公共団体は，国から地方交付税交付金や国庫支出金を受けており，いずれもその使途は国から指定されている。

## 正答と解説

### No.1 の解説

**1 ×** 条例の制定・改廃の請求権や地方公共団体の長・議員の解職請求権は，**住民自治**の観点から，住民に認められているものである。

**2 ×** 地方公共団体の事務は，自治事務と**法定受託事務**である。機関委任事務は，1999 年に成立した地方分権一括法によって廃止された。

**3 ○** 憲法 95 条の内容と一致する。

**4 ×** 首長は議会の**解散権**と，議会の議決に対する**拒否権**を有する。

**5 ×** 地方交付税は，その使途を国から指定されない。

★★★

テーマ 05

# 政治思想・現代政治

・政治思想家の思想の内容の要点を押さえよう。
・二大政党制と多党制の長所と短所を理解しよう。
・選挙制度の特徴の違いを理解しよう。

## 1 社会契約説と権力分立の思想

17 世紀から 18 世紀の市民革命期に成立した**社会契約説**は，近代民主主義の理論的な基礎となった。社会契約説は，政治思想家の**ホッブズ**，**ロック**，**ルソー**らが主張したものであるが，国家のあり方や権力と人民の関係についての考え方は，それぞれ異なっている。

また，18 世紀には，フランスの**モンテスキュー**が，基本的人権を保障する観点から，国家権力を司法，立法，行政という三権に分けるという**三権分立**の考え方のもとで，国家と人民のあり方について説いた。

### ホッブズ

**イギリス**の政治思想家であるホッブズは，主著**『リヴァイアサン』**の中で，自然状態では「**万人の万人に対する闘争**」を生むとして，人々は平和を求め，自然法に従って，契約によって１人の人間または合議体に各人の**自然権**を**譲渡**することが必要であると説いた。

**ホッブズ**
(Hobbes, 1588-1679)
国王の権力を「契約」によって委譲されたものとして捉えた点は革新的であったが，結果的にホッブズの説は絶対王政を擁護するものとなった。

**自然権**
人間が本来持っている自由で平等な暮らしをする権利のこと。

## ロック

**イギリス**の政治思想家であるロックは，自然状態を，自然法が支配し平和であるが不完全な状態であるとし，人々は自然権を確実にするために政府に**権力**を**信託**すると説き，**『市民政府二論（統治二論）』**を著した。また，**抵抗権**を肯定した。

**ロック**
(Locke, 1632-1704)
ホッブズとは異なり，革命を擁護する立場をとった。『市民政府二論』は名誉革命が始まった直後に刊行され，革命の正当性を理論化した。

## ルソー

**フランス**の政治思想家であるルソーは，**人民主権**による**直接民主制**を重視した。主著**『社会契約論』**の中で，人民主権論を展開し，自然状態を，自由・平等と平和が理想的に保たれている状態であるとしたが，不平等な文明社会が生まれたため，人々は公共の利益をめざす一般意志への服従を契約すると説いた。ルソーは，封建社会・絶対王政を批判し，フランス革命に大きな影響を与えた。

**ルソー**
(Rousseau, 1712-1778)
『人間不平等起源論』『エミール』などの著書がある。ルソーの思想はフランス人権宣言の基礎となった。

## モンテスキュー

**フランス**の政治思想家であるモンテスキューは，**『法の精神』**を著し，国家権力を立法権・執行権・裁判権の三権に分類し，それぞれの権力の均衡と抑制を図ることができると主張して**三権分立**を唱えた。この三権分立のもとで，憲法によって君主の権力が制限されている状態である**立憲君主制**が理想の政治体制であると説いた。

**モンテスキュー**
(Montesquieu, 1689-1755)
モンテスキューはロックの考えを継承し，発展させた。彼が唱えた三権分立は，近代国家の基本原理となっている。

## 2 二大政党制と多党制

政党政治の特徴として，**二大政党制**と**多党制**という政治体制がある。

### 二大政党制

二大政党制とは，２つの**大政党**が競合して**政権**を争い，**政権交代**の現実的な可能性が存在する政治体制を意味する。

二大政党制の代表例としては，**アメリカ**の**共和党**と**民主党**，**イギリス**の**保守党**と**労働党**が挙げられる。

イギリスとアメリカの選挙制度では，いずれも小選挙区制を採用しています。小選挙区制のもとでは，各選挙区の最多得票者のみが当選とされるため，大政党が優位に立ち，二大政党が生まれやすいのです。

二大政党制の長所として，２つの政党のみが政権を獲得する機会を持つことから，政局が**安定**し強力な政治が可能となることや，有権者は選挙において２つの政党のうちどちらかを選択すればよいという，有権者の選択が容易であることが挙げられる。

短所としては，二大政党制では当選の可能性がある政党が二大政党にほぼ限定されるため，国民の**多様な意見**を反映させにくいという点がある。また，政権が交代した場合，政治の一貫性が失われるという点もある。

### 多党制

多党制とは，**小党分立制**ともいい，単独では政権を担うだけの勢力を持たない政党が**多数競合**している政治体制を意味する。多党制が根づいている国としては，**フランス**と**ドイツ**が挙げられる。

多党制では，多くの政党に当選の可能性があることから，国民の**多様な意見**を反映させやすいという長所がある。短所としては，二大政党制のような政局の**安定**は見込めず，強力な政治を行うことが困難となるおそれがある。

選挙制度における比例代表制では，大政党以外にも議席が配分されるため，多党制が生まれやすくなります。

**二大政党制と多党制**

| | 二大政党制 | 多党制 |
|---|---|---|
| 主な採用国 | ●アメリカ（共和党・民主党）<br>●イギリス（保守党・労働党） | ●フランス　●ドイツ<br>●日本 |
| 長　所 | ●政局の安定による強力な政治<br>●有権者の選択が容易 | 国民の多様な意見を反映させやすい |
| 短　所 | ●国民の多様な意見の反映が困難<br>●政権交代による政治の一貫性の喪失 | 政局が不安定となり，強力な政治が困難 |

## 3 選挙制度

選挙は，代表民主制において，国民の意思を政治に反映させるために不可欠な手段であり，選挙を公正かつ効果的に実施するために，次のような原則や選挙制度が存在する。

## 選挙の原則

現在実施されている選挙では，以下の５つの原則が取り入れられている。

**選挙の５つの原則**

| | |
|---|---|
| 普通選挙 | 性別，身分，職業，財産，納税額，教育，宗教等で制限せず，一定の年齢に達したすべての者が選挙権を持つ。 |
| 平等選挙 | １票の価値はすべて等しいものとし，１人１票を保障する。<br>⇔不平等選挙 |
| 秘密選挙 | どの候補者や政党等に投票したかについて第三者が知ることができない方法で選挙を行う。 |
| 直接選挙 | 有権者が直接に当選者を選出する。<br>⇔間接選挙（有権者が選挙人を選出し，選挙人が当選者を選出する。） |
| 自由選挙 | 自らの意思に基づいて，自由に候補者や政党等を選んで投票する。 |

**普通選挙**
憲法15条３項において，「公務員の選挙については，成年者による普通選挙を保障する」と定められている。普通選挙の対義語は，制限選挙である。

**秘密選挙**
憲法15条４項において，「すべて選挙における投票の秘密は，これを侵してはならない」と定められている。

アメリカの大統領選挙は，有権者が選挙人を選び，選挙人が大統領を選出するという間接選挙の形式をとっています。ただし，実質的には直接選挙に近いものとなっています。

## 選挙制度の特徴

### （1）　小選挙区制

小選挙区制とは，１つの狭い選挙区から１人の議員を選出する選挙制度である。

長所として，選挙区が狭いため選挙費用が比較的少額で済むこと，大政党に有利であり政局の安定をもたらす可能性が高いことなどが挙げられる。

どの制度を採用するかによって民意の反映のされ方も変化します。

短所は，大量の死票が出て多様な民意が反映されない可能性があること，買収などの政治腐敗を招きやすいこと，ゲリマンダーの危険性が高く不正行為が行われやすいことなどが挙げられる。

**死票**
当選者の決定につながらなかった票のこと。小選挙区制では，その選挙区の当選者（1人）以外の候補者に投じられた票はすべて死票となる。

**ゲリマンダー**
特定の政党や候補者に有利となるように選挙区を分けること。

### (2) 大選挙区制

大選挙区制とは，1つの広い選挙区から複数の議員を選出する選挙制度である。

長所として，死票が少なくなること，少数政党候補者も当選可能であること，買収などの政治腐敗が起きにくいことなどが挙げられる。

短所としては，選挙区が広いため選挙費用がかさむこと，小党分立になりやすく政局の不安定を招く可能性が高いことなどが挙げられる。

1つの選挙区から3～5人の当選者を選出する方法を中選挙区制といい，1選挙区の定数が複数であることから，大選挙区制の一種とされます。日本の衆議院議員総選挙で一時期採用されていました（現在は小選挙区比例代表制）。

### (3) 比例代表制

比例代表制とは，各政党の得票率に応じて，政党ごとに議席を配分する選挙制度である。

長所として，民意をほぼ正確に国政に反映させられること，各党への公平な議席配分によって死票を最小限に抑えられることが挙げられる。

短所は，小党分立になりやすく政局不安定を引き起こす傾向があること，候補者中心ではなく政党中心の選挙になることなどが挙げられる。

日本において，比例代表制は衆議院議員総選挙と参議院議員通常選挙にそれぞれ導入されています。

**選挙制度の比較**

| 選挙区制 | 長所 | 短所 |
|---|---|---|
| 小選挙区制 | ●選挙費用が比較的少額<br>●政局が安定する | ●死票が多い<br>●買収などの政治腐敗を招きやすい<br>●ゲリマンダーの危険性が高い |
| 大選挙区制 | ●死票が少ない<br>●少数政党の候補者にも当選の可能性がある<br>●買収などの政治腐敗が起きにくい | ●選挙費用がかさむ<br>●小党分立になりやすく，政局の不安定を招く |
| 比例代表制 | ●民意をほぼ正確に国政に反映させられる<br>●死票を最小限に抑えられる | ●小党分立になりやすい<br>●政党中心の選挙になる |

## 日本の国会議員の選挙制度

わが国の国会議員の選挙は，衆議院議員選挙（衆議院議員総選挙）と参議院議員選挙（参議院議員通常選挙）があり，それぞれで異なる選挙制度が採用されている。

### （1） 衆議院議員選挙（衆議院議員総選挙）

1993年までは中選挙区制が採用されていた。現在は，小選挙区選挙とブロック単位の比例代表選挙を組み合わせた**小選挙区比例代表並立制**を導入し，289名を小選挙区制で選び，176名を比例代表制により選ぶ方法を採用している。有権者は，小選挙区では候補者名を投票し，比例代表では政

2015年の公職選挙法改正により，それまで満20歳以上であった選挙権年齢が，満18歳以上に引き下げられ，2016年6月の参議院議員通常選挙から適用されている。

**中選挙区制**
⇒ p.71 側注参照。

なお，小選挙区の立候補者は比例代表候補にもなることができます（重複立候補）。

党名を投票する。

### (2) 参議院議員選挙（参議院議員通常選挙）

原則として，都道府県単位の**選挙区選挙**（定数１～６名）と，全国１選挙区の比例代表選挙を組み合わせた**非拘束名簿式比例代表制**を採用している。有権者は，選挙区では候補者名を記入して投票し，非拘束名簿式比例代表制では候補者名もしくは政党名を記入して投票する。

### (3) 在外選挙制度

国外に居住する日本人の有権者に国政選挙での選挙権行使の機会を保障するために**在外選挙制度**がとられており，国外において衆参両院の選挙区と比例代表選挙を対象とする投票が可能である。

在外選挙制度を利用して投票するためには，在外選挙人名簿の登録を申請する必要がある。

**衆議院議員総選挙と参議院議員通常選挙**

| | 衆議院 | 参議院 |
|---|---|---|
| 議員定数 | 465人 | 245人※ |
| 選挙制度 | 小選挙区比例代表並立制<br>●比例代表 176人<br>●小選挙区 289人 | 非拘束名簿式比例代表制<br>●比例代表 98人<br>●選挙区 147人 |
| 任期 | 4年(解散あり) | 6年(3年ごとに半数改選) |
| 被選挙権 | 満25歳以上 | 満30歳以上 |

※参議院議員の定数は令和4年7月26日以降の通常選挙から248人(比例代表100人，選挙区148人)となる。

## TRY! 過去問にチャレンジ

**No.1**

**比例代表制に関する記述として，最も妥当なのはどれか。**

**【警視庁】**

**1**　衆議院は拘束名簿式を，参議院は非拘束名簿式を採用している。

**2**　投票の際に記入するのは，衆参両議院ともに，政党名または候補者名どちらでもよい。

**3**　小選挙区制に比べると死票が多くなるという特徴がある。

**4**　二大政党制になりやすく，イギリスの下院で採用されている。

**5**　議席の配分方法は，衆議院はドント式，参議院はサン＝ラグ式を採用している。

## 正答と解説

### No.1 の解説

**1○** 拘束名簿式とは，比例代表制選挙による当選者を，各政党があらかじめ提出しておいた名簿の上位から順に決める方式である。この場合，有権者は**政党名**でのみ投票する。一方，非拘束名簿式において有権者は**政党名**と**候補者名**のどちらかに投票し，当選者は候補者名による得票数が多い者から順に決定される。

**2✕** **1**で述べたとおり，拘束名簿式を採用している衆議院比例代表選挙では**政党名**を記入する。

**3✕** 死票が多くなるという特徴があるのは**小選挙区制**である。死票とは当選者の決定につながらなかった票のことをいう。小選挙区制では１つの選挙区から当選者が１人しか出ないため，その当選者以外の候補者に投じられた死票の数が多くなるのである。

**4✕** 二大政党制になりやすいのは**小選挙区制**であり，イギリスの下院選挙やアメリカの連邦議会議員選挙などで採用されている。小選挙区制では各選挙区の最多得票者のみが当選するため，大政党に有利であり，二大政党が生まれやすい。

**5✕** 衆参両議院の比例代表選挙において**ドント式**が採用されている。ドント式は，各政党の得票数を自然数（１，２，３…と，小さい数から順に用いる）で割っていき，その商の大きい順に議席を配分するという作業を，議員定数に達するまで繰り返す方法である。一方，サン＝ラグ式は，各政党の得票数を奇数（１，３，５…）で割っていく方法である。

テーマ 06

# 各国の政治制度

・大統領制と議院内閣制の違いを理解しよう。
・主要国の政治制度を比較しつつ，それぞれの特徴を押さえよう。

## 1 大統領制と議院内閣制

主要国の政治制度は，三権分立制を採用しているか，それとも民主集中制を採用しているかで大きく分けることができる。さらに，三権分立制は大統領制と議院内閣制に分けることができる。

**主要国の政治制度**

- 三権分立制
  - 大統領制
  - 議院内閣制
- 民主集中制

### 大統領制

大統領制とは，大統領を国家元首とする政治制度であり，アメリカや韓国，フィリピンなどで採用されている。大統領制の特徴として，大統領を長とする政府（行政府）と議会（立法府）が厳格に分離されており，政府は議会の信任に依存しないという点が挙げられる。

**民主集中制**
民主主義の原則と中央集権制の原則を統合した政治制度であり，民主主義的中央集権制ともいう。民主集中制では，人民の意思が集約される議会にすべての権力が一元化される。中国がこの政治制度を採用している。

アメリカにおける大統領制の詳細については，「2　主要国の政治制度」で説明します。

大統領制の特徴

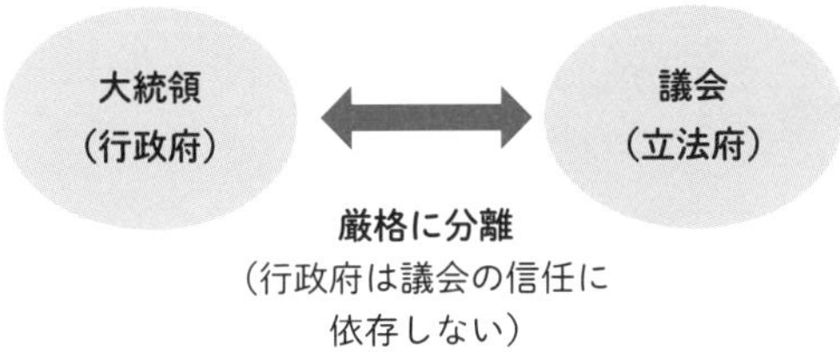

## 議院内閣制

議院内閣制は，議会（立法府）と内閣（行政府）を調和的な関係で連動させる政治制度であり，内閣は**議会の信任**によって成立する。議院内閣制は**イギリス**で発達した制度であり，イギリスのほか，**日本**や**ドイツ**などで採用されている。なお，ドイツでは首相のほかに大統領が選出されるが，大統領は形式的・儀礼的な権限を有するのみであるため，議院内閣制に分類される。

議院内閣制のもとでは，内閣が議会の信任により成立することから，内閣の長である**首相**は**議会の議員**の中から選ばれることとなり，国民の直接選挙によって選ばれることはない。首相の選出方法は国によって異なるが，たとえば，イギリスでは下院第１党の党首を国王が首相に任命するという慣行が確立されている。

イギリスにおける議院内閣制の詳細については，「２　主要国の政治制度」で説明します。

議院内閣制の特徴

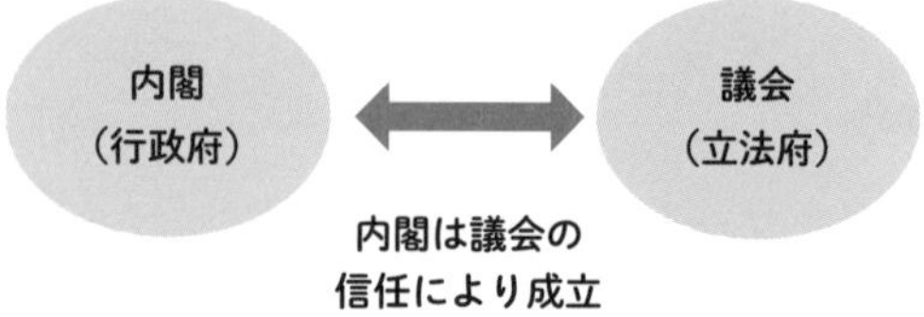


## 2 主要国の政治制度

公務員試験では，主にアメリカ，イギリス，フランス，中国，ロシアの政治制度について出題されます。

### アメリカの政治制度

#### （1）厳格な三権分立制

アメリカは，行政・立法・司法の三権を厳格に分離し，大統領（行政府），連邦議会（立法府），連邦裁判所（司法府）のそれぞれの役割・立場が明確に分かれている。行政権は元首である大統領に属し，連邦議会は立法権を独占する。連邦最高裁判所は違憲立法審査権を有する。

#### （2）大統領と連邦議会の関係

厳格な三権分立制を採用するアメリカでは，連邦議会が立法権を独占するため，大統領は法案や予算案を提出する権限を持たない。ただし，大統領は一般教書や予算教書によって，立法や予算の作成を連邦議会に勧告することができる。

また，大統領は連邦議会に対して責任を負わず，連邦議会に出席して答弁を行うことはなく，連邦議会の解散権もない。一方，連邦議会は，大統領に対して**不信任**の議決を行うことができない。

なお，大統領は，連邦議会が可決した法律案に対する**拒否権**を有している。ただし，拒否権が行使されても連邦議会が３分の２以上の多数で再可決すれば，法律が成立する。

### (3) 大統領および連邦議会議員の選出

大統領は国民の**間接選挙**で選ばれる。具体的には，各州の住民の選んだ**大統領選挙人**が大統領を選出するという仕組みが確立されている。大統領の任期は４年で，３選は禁止されている。

**間接選挙**
⇒ p.70 参照。

**アメリカの政治制度（大統領制）**

| | |
|---|---|
| **厳格な三権分立制** | ●行政権は大統領に属する<br>●連邦議会が立法権を独占<br>●連邦最高裁判所は違憲立法審査権を有する |
| **大統領と連邦議会の関係** | ●大統領には法律案や予算案の提出権なし（**一般教書**や**予算教書**による**勧告**は可能）<br>●大統領には連邦議会の**解散権**なし<br>●連邦議会は大統領の**不信任の議決**はできない<br>●大統領は，連邦議会が可決した法律案に対する**拒否権**を持つ |
| **大統領の選出** | ●国民の**間接選挙**で選出<br>●任期は４年（３選は禁止） |
| **連邦議会議員の選出** | ●国民の直接選挙で選出<br>●上院議員：任期は６年，各州から２名選出<br>●下院議員：任期は２年，各州から人口比例で選出 |

連邦議会は上院議員と下院議員で構成され，連邦議会議員は国民の直接選挙で選ばれる。上院議員の任期は６年で，各州から２名が選出される。下院議員の任期は２年で，各州から人口に比例した人数が選出される。

## イギリスの政治制度

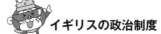

イギリスは**議院内閣制**を採用しており，内閣（行政府）はイギリス議会（立法府）の信任に基づいて成立する。

イギリス議会は**二院制**をとっており，上院（**貴族院**）と下院（**庶民院**）からなる。

**下院**の多数党が**内閣**を組織し，**下院**の多数党の党首が国王の任命によって首相となる。これに対し，野党第１党が次の選挙での政権奪回をにらみ，「影の内閣」を組織する。

上院と下院は対等ではなく，下院の優越が確立されています。


**イギリスの政治制度（議院内閣制）**

| | |
|---|---|
| **イギリス議会** | ●上院（貴族院）と下院（庶民院）の二院制<br>●下院優位の原則が確立 |
| **内閣** | ●下院の多数党が内閣を組織<br>●首相は下院の多数党の党首<br>●内閣は連帯して議会に対して責任を負う<br>●下院が内閣の不信任決議をした場合，内閣は，下院の解散または総辞職をする<br>※野党第１党は「影の内閣」を組織する |

また，内閣は連帯して議会に対して責任を負い，下院が内閣の不信任決議をした場合，内閣は，下院を解散しない限り，総辞職しなければならない。

## フランスの政治制度

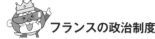

フランスは，大統領と首相が併存する半大統領制をとっており，大統領制と議院内閣制の中間形態の政治制度となっている。

フランスは二院制をとっており，元老院（上院）と国民議会（下院）があるが，これらは一つの議会を構成する組織ではなく，独立した議会である。国民議会に優位が認められている。

フランスの大統領は国民の直接選挙によって選出される。フランス共和国憲法（第五共和国憲法）の制定によって大統領の権限が大きく強化されており，アメリカ大統領よりも大きな権限を持つ。大統領は，内閣を組織し，首相や閣僚の任免権，国民議会の解散権などを有している。

その一方で，大統領は国民議会に対して責任を負わない。そのため，国民議会は大統領の不信任を議決することはできない。

なお，内閣は国民議会の信任を受けなければならないという議院内閣制の要素も有しているため，国民議会は内閣の不信任を議決することはできる。

1958年，当時フランスの植民地であったアルジェリアの独立を巡る軍事衝突をきっかけとして，ド・ゴールが首相に就任しました。そこから現在に至るフランスの政体をさして「第五共和政」といいます。

### フランスの政治制度（半大統領制）

| | |
|---|---|
| 二院制 | ●元老院（上院）と国民議会（下院）<br>→両者は独立した議会で，国民議会が優位 |
| 大統領 | ●国民の直接選挙により選出<br>●内閣を組織<br>●首相・閣僚の任免権，国民議会の解散権を持つ<br>●国民議会に対して責任を負わない |
| 内閣 | ●国民議会の信任を受けなければならない（国民議会は，内閣の不信任を議決できる） |

## 中国の政治制度

中国では共産党指導の民主集中制がとられており，立法府である全国人民代表大会（全人代）が国家の最高機関である。全人代によって，共産党総書記が，国家元首である国家主席に選出される。

全人代に解散制度はなく，議員はその任期を全うすることとなっている。また，中央人民政府である国務院が国家の行政機関である。

### 中国の政治制度（民主集中制）

| | |
|---|---|
| 民主集中制 | ●立法権：国家の最高機関である全国人民代表大会（全人代）が有する<br>●行政権：国務院が有する |
| 国家元首 | ●全人代が，共産党総書記を国家主席に選出 |

## ロシア連邦の政治制度

ロシアは，かつては共産党による一党独裁政権であったが，現在は権力分立制および**大統領制**を採用しており，大統領（行政府）と議会（立法府）は抑制と均衡の関係におかれている。

議会は，連邦会議（上院）と国家会議（下院）で構成される。ロシアの大統領は国民の**直接選挙**によって選出され，首相や閣僚の**任免権**や国家会議の**解散権**を有するほか，非常大権を有しており，軍の最高司令官も兼ねている。

**ロシア連邦の政治制度（大統領制）**

| | |
|---|---|
| **二院制** | ●**連邦会議**（上院）と**国家会議**（下院） |
| **大統領** | ●国民の**直接選挙**により選出<br>●首相・閣僚の任免権，国家会議の**解散権**を持つ |

# TRY! 過去問にチャレンジ

**No. 1**　**世界の政治体制に関する記述として最も妥当なのはどれか。**

**【国家一般職／税務／社会人】**

**1**　英国では議院内閣制を採用しており，下院の多数党が内閣を組織し，内閣は，下院の信任の下で行政を行い，法案提出権を有する。

**2**　米国では，大統領と国会議員は，国民の直接選挙で選ばれる。大統領は，上下両院それぞれの３分の２以上の賛成による不信任決議がなされれば罷免される。

**3**　ロシアでは権力集中制を採用しており，権力の分立はなく，共産党書記長が大統領を兼ね，行政府の長である首相を指揮して国政を運営している。

**4**　フランスでは連邦制を採用しており，地方政府は，独自の憲法を有し，連邦憲法で連邦政府の役割として定められている外交，通商，国防以外のすべての権限を持つ。

**5**　中国では，国家主席は国民の直接選挙で選ばれる。立法府である全国人民代表大会に対する解散権は，国家主席と共産党総書記の両方が有している。

## 正答と解説

### No.1 の解説

**1○** 議院内閣制は英国で発達した制度である。上院に対する**下院の優越**が確立されており，下院の多数党が内閣を組織する。下院は内閣の**不信任決議**をすることができ，不信任決議をされた場合，内閣は下院を**解散**するか**総辞職**しなければならない。

**2×** 米国では，大統領は国民の**間接選挙**で選ばれ，国会議員は国民の**直接選挙**で選ばれる。大統領は連邦議会に対して**責任を負わず**，連邦議会の解散権を持たない。一方，連邦議会は大統領の不信任決議権を持たない。

**3×** 権力集中制がとられていたのは旧ソ連時代のことである。現在のロシア連邦では**権力分立制**および**大統領制**がとられており，大統領（行政府）と議会（立法府）は抑制と均衡の関係にある。

**4×** フランスは連邦制を採用していない。連邦制を採用しているのは，アメリカやドイツなどである。

**5×** 中国では，国家主席は**全国人民代表大会**（**全人代**）によって選出される。立法府である全国人民代表大会に解散制度はなく，議員は任期を全うする。

★★★

テーマ 07

# 国際連合と国際社会

・国際連合の主要機関を押さえよう。
・戦後の国際政治の歴史を，EU や ASEAN などの地域統合の動向とともに理解しよう。

## 1 国際連合の機構

**国際連合**（**国連**）とは，1920 年に発足した国際連盟が第二次世界大戦を防げなかったことの反省から設立された，国際平和機構である。

### 国際連合の発足

1942 年，**連合国共同宣言**の中で，はじめて連合国（the United Nations）という名称が正式に用いられた。1943 年，アメリカ，イギリス，ソ連の外相会談において戦後の国際平和機構の設立に関する合意がなされると（**モスクワ宣言**），1944 年の**ダンバートン・オークス会議**で具体案が審議され，**国際連合憲章**の**原案**が採択された。

1945 年 2 月，アメリカ，イギリス，ソ連による**ヤルタ会談**で国際連合の設立について合意された。同年 6 月の**サンフランシスコ会議**で**国際連合憲章**が正式に採択され，同年 10 月 24 日に，51 か国を原加盟国として国際連合が発足した。発足後，国際連合の加盟国は増加し，2020 年現在では 193 か国となっている。

**国際連盟**
アメリカ大統領ウィルソンの提唱で創設された，史上初の国際平和機構。1920 年の発足当時の原加盟国は 42 か国で，1934 年には 58 か国となった。しかし，提唱国であるアメリカの未加盟，ソ連の加盟遅延・短期間での除名，常任理事国の日本，ドイツ，イタリアの脱退などに加え，規約違反国に対する制裁は拘束力のない経済制裁のみであったことから，十分に機能しなかった。

**連合国共同宣言**
アメリカ，イギリス，ソ連，中国を中心とする連合国 26 か国が，第二次世界大戦の戦争目的を述べたもの。

## 国際連合の機構

国際連合の６主要機関として，①総会，②安全保障理事会，③経済社会理事会，④信託統治理事会，⑤国際司法裁判所，⑥事務局が存在する。また，これ以外に，総会によって設置された委員会・補助機関が存在する。

国際連合の機構

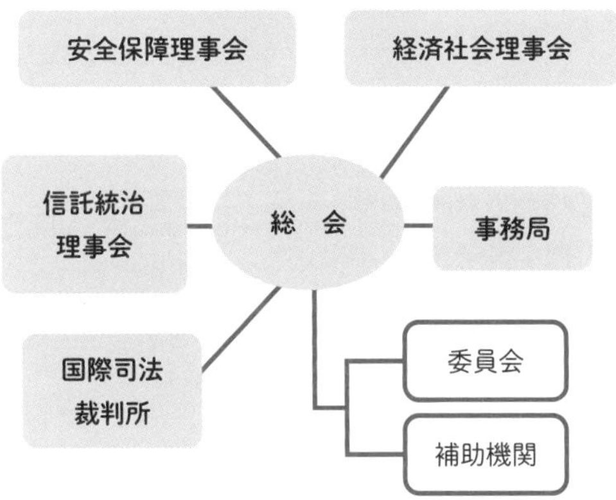


### （1）総会（国連総会）

総会は，すべての加盟国で結成され，国際連合の目的に関する問題について討議する。

総会では，全加盟国が各１票の投票権を持つ。総会の決議は，重要事項については出席・投票する構成国の３分の２以上の賛成で，その他の事項については出席・投票する構成国の過半数によって行われる。

**重要事項**
平和と安全保障，新加盟国の承認，予算など。

### (2) 安全保障理事会（安保理）

安全保障理事会は，**常任理事国**5か国および非常任理事国10か国で構成される。常任理事国は，第二次世界大戦の主要連合国である**アメリカ**，**イギリス**，**フランス**，**ロシア**，**中国**である。

重要事項の決議は，すべての常任理事国と非常任理事国4か国以上の**9か国**以上の賛成が必要となる。常任理事国は**拒否権**を持っており，1か国でも反対すれば決議することができない。

**非常任理事国**
任期は2年。全加盟国の中から秘密投票によって選出される。同じ国が連続して任期を務めることはできず，1年ごとに半数ずつ改選される。

### (3) 経済社会理事会

経済社会理事会では，人権の保障や国際経済・社会問題を扱っている。54か国で構成され，任期は3年で毎年18か国ずつを入れ替える。

経済社会理事会には，**専門機関**がある。専門機関とは，経済社会理事会を通じて国連と特別の提携関係を結んでいる国際機関のことである。

**主な専門機関**
国際通貨基金（IMF）
国際労働機関（ILO）
世界保健機関（WHO）
国連教育科学文化機関（UNESCO）

### (4) 信託統治理事会

独立するまで特定の国に施政権がゆだねられる**信託統治地域**の行政を指導・監督する機関である。経済社会理事会と並ぶ国連の主要機関の一つであるが，現在は活動を停止している。

1994年に最後の信託統治地域であったパラオが独立し，その後活動を停止しました。

### (5) 国際司法裁判所

**国家間**の紛争を解決するために設置された。訴訟の当事者となるのは**国家**のみであり，国際機関や私人などは訴訟の当事者となることはできない。

国家を超越した上位機関ではないため，裁判の開始には**当事国双方の合意**が必要である。なお，いったん下された判決は法的拘束力を持つため，たとえ判決内容に不満があっても当事国はそれに従わなければならない。

国際司法裁判所はオランダのハーグに設置されています。

### (6) 事務局

事務局は，安全保障理事会の勧告をもとに，総会が任命する**事務総長**と**国際公務員**で構成される。事務総長は，国際連合の行政面の長であり，総会や安全保障理事会などのすべての会議に出席する。それぞれの機関から委託された任務を遂行し，平和と安全の維持に関して安全保障理事会に注意喚起を行い，紛争が生じたときには調停役となるなどの役割を担っている。

**事務総長**
現事務総長はアントニオ・グテーレス氏(2021年6月現在)。

### (7) 総会が設置した委員会

総会の主な委員会として，第1委員会（政治・安全保障）から第6委員会（法律）までがある。

### (8) 総会が設置した機関（補助機関）

総会の主な補助機関として，**国連児童基金**（UNICEF）がある。UNICEFは，総会の決議により設立された基金であり，発展途上国や戦争などで被害を受けている子どもたちへの支援を行う，国連内部の補助機関の一つである。

## 世界人権宣言と国際人権規約

国際連合は，国際協力による人権の尊重を目的の一つとし，1948年の国連総会で，各国が達成すべき共通の基準として**世界人権宣言**を採択した。世界人権宣言には，自由権，社会権が含まれる。

さらに，1966年の国連総会で，法的拘束力を持つ**国際人権規約**が採択され，1976年に発効した。

**世界人権宣言**
1948年12月10日，第3回国連総会において採択された。これを受け，毎年12月10日は「人権デー」とされている。

**国際人権規約**
世界人権宣言の内容に基づいており，社会権規約と自由権規約からなる。

## 国際連合と軍事活動

### （1）国際連合軍（国連軍）

国連憲章に基づいて創設される軍隊であり，安全保障理事会と加盟国との間で特別協定を締結することによって創設される。ただし，これまでに正規の国連軍が編成・派遣された例は**ない**。

### （2）国際連合平和維持活動（PKO）

国連は，紛争地帯等で事態の悪化を防止する**国際連合平和維持活動（PKO）**を行っている。

日本の自衛隊は，1992年に成立したPKO協力法に基づいて，1992年から1993年にかけてカンボジアで展開されたPKOに初めて派遣されて以降，いくつものPKOに参加している。

PKOの活動内容は多様化しており，現在では停戦の監視のみならず，選挙の監視や行政機構の再建，復興支援なども行われています。

### （3）多国籍軍

安全保障理事会の決議に基づいて紛争地域に派遣される，複数国の実戦部隊による軍隊であるが，国連軍とは異なり，国連の指揮下にはない。1991年の**湾岸戦争**の際，アメリカ軍を中心に組織されたのが最初の多国籍軍である。

日本は，2003年7月に成立した「イラクにおける人道復興支援活動及び安全確保支援活動の実施に関する特別措置法」に基づき，自衛隊が多国籍軍に参加している。

自衛隊によるイラク復興支援活動は，2003年12月から2009年2月まで続けられました。

## 2 国際法

**国際法**とは，主として国家間の関係を規律する法である。国際社会には統一的な立法機関がないため，国際法は，あくまでも国家間の**合意**に基づいて成立する。国際法は，**国際慣習法**と**条約**などから成り立っている。

国際法の考え方を最初に体系化したのは，「国際法の父」と呼ばれるオランダの法学者**グロティウス**である。グロティウスは，**『戦争と平和の法』**を著し，**自然法**の立場から国際法を体系的に論じるとともに，『自由海論』の中で，海は万人のものだとする**公海自由の原則**を説いた。この原則は，国際慣習法として確立した。その後，国際社会の発展により，条約などの**成文国際法**が発展した。

**国際慣習法**
国際的な慣行として大多数の国家間で承認されている法。

**条約**
国家間または国際機関と国家との間において，文書の形式で締結される国際的な取り決め。条約は，全権を委任された代表により合意内容を確定する署名がなされることに加えて，国会の承認を得るなどの国内手続きを経ることによって発効する。

**グロティウス**
(Grotius, 1583-1645)
母国の政権争いに巻き込まれ投獄されたことがきっかけで，パリに亡命する。『戦争と平和の法』は三十年戦争の最中に発表された。

## 3 重要な国際会議

### 主要国首脳会議（サミット）

日本，アメリカ，イギリス，ドイツ，フランス，イタリア，カナダ，ロシアの８か国と**欧州連合（EU）**による**国際政治・経済に関する首脳会議**である。

サミットは，1975年，石油危機などに関する問題を話し合うために，カナダとロシアを除く6か国で開催されたのが始まりである。1998年から2013年までは**G8**と呼ばれていたが，2014年にロシアがクリミア半島を強引に併合したことに対する制裁として，ロシアの参加停止が決定され，現在は**G7**となっている。

**サミット**
「頂上」を意味し，世界の主要国のトップが集まって話し合いを行うことから，主要国の首脳会議はサミットと呼ばれる。

### G20（金融サミット）

G7およびロシア，中国，インド，ブラジル，南アフリカ，韓国，オーストラリア，インドネシア，サウジアラビア，トルコ，メキシコ，アルゼンチン，EUの首脳による，**金融・世界経済**に関する国際会議である。

### APEC（アジア太平洋経済協力会議）

アジア太平洋地域の経済協力を目的として，オーストラリア，ブルネイ，カナダ，チリ，中国，香港，インドネシア，日本，韓国，マレーシア，メキシコ，ニュージーランド，パプアニューギニア，ペルー，フィリピン，ロシア，シンガポール，台湾，タイ，アメリカ，ベトナムの21か国・地域が参加して行われる会議である。

**ASEAN**
東南アジア諸国連合。インドネシア，カンボジア，シンガポール，タイ，フィリピン，ブルネイ，ベトナム，マレーシア，ミャンマー，ラオスの10か国が加盟。
なお，このうち多くの国がAPECに参加している。

### ASEAN＋3（日中韓首脳会議）

アジア太平洋地域の経済協力を目的として，1997年に初めて開催され，その後毎年開催されている。参加国は，ASEAN加盟国に日本，中国，韓国の3か国を加えた計13か国である。

## 4 戦後の国際政治史

### 第二次世界大戦後の国際政治

#### （1）アメリカとソ連の対立と冷戦の終結

第二次世界大戦終結後から1991年頃まで，資本主義と社会主義という体制の違いを背景に，自由主義を掲げるアメリカと社会主義を掲げるソ連という2つの超大国を軸に東西両陣営が形成され，「冷戦」と呼ばれる状態が続いた。

1947年，アメリカのトルーマン大統領は，共産主義の脅威のもとにある国々に対し，軍事的・経済的援助を与え，社会主義勢力を軍事的・経済的に封じ込める外交政策（封じ込め政策）である

**トルーマン**
(Truman, 1884-1972)
第33代大統領（在任：1945-1953）。日本への原爆投下を命じ，太平洋戦争を終結させた。

トルーマン・ドクトリンを発表し，東西の対立が決定的となった。また，同年，アメリカ国務長官マーシャルが，欧州諸国復興支援計画であるマーシャル・プランを発表した。

さらに，東欧諸国に次々と社会主義政権が誕生したことから，ソ連に対する集団防衛体制を構築するために，1949年，アメリカ，カナダと西欧諸国は北大西洋条約機構（NATO）を結成し，軍事的な結束を固めた。同年にはドイツが東西に分裂し，それぞれ東側・西側の陣営に組み込まれた。ソ連と東欧諸国は，NATOに対抗して，1955年に軍事同盟であるワルシャワ条約機構（WTO）を結成し，自由主義諸国と社会主義諸国の対立が続いた。

その後，ソ連では，共産党書記長のゴルバチョフが政治・経済の立て直しを唱えてペレストロイカを推進したことや，東欧において民主化運動が激化したことなどにより，アメリカとソ連が1989年にマルタ会談を行い，冷戦終結が宣言された。1990年には東西ドイツが統一し，1991年にはワルシャワ条約機構が解体し，ソ連が崩壊したことにより，冷戦が終結した。

### (2) アジア・アフリカ諸国

アジア・アフリカ諸国では，多くの植民地が独立を達成した。1955年のアジア・アフリカ会議（バンドン会議）において，反植民地主義と民族自決，

**マーシャル・プラン**
欧州諸国に対して戦後復興のための大規模な援助を行い，経済を安定させることで，社会主義の浸透を阻止するねらいがあった。この計画を受け入れた西欧諸国と拒否した東欧諸国との分裂は深まり，冷戦が激化した。

**ゴルバチョフ**
(Gorbachev, 1931-)
ソ連共産党書記長（在任：1985-1991），初代ソビエト連邦大統領（在任：1990-1991）。ペレストロイカ（改革）とグラスノスチ（情報公開）を行い，ソ連の民主化を進めた。

**マルタ会談**
1989年12月（ベルリンの壁崩壊の翌月）に地中海のマルタ島で行われた，アメリカのブッシュ（父）大統領とソ連のゴルバチョフ書記長による首脳会談。

平和共存などをめざす**平和十原則**を宣言した。アメリカ，ソ連いずれの軍事ブロックにも属さない立場をとる国々は，1961 年に第 1 回**非同盟諸国首脳会議**を開催した。

フィリピンでは，1986 年に，独裁政治を行っていた**マルコス**大統領を選挙で破った**コラソン・アキノ**が大統領に就任し，独立以来の独裁体制に終止符が打たれた。

中国では，**鄧小平**が進めた改革・開放政策が貧富の差を拡大させたため，1989 年 6 月に民衆が**天安門広場**で民主化を訴えたが，政府に武力で弾圧された（第二次天安門事件）。

中東では，1990 年 8 月にフセイン政権下の**イラク**が**クウェート**に侵攻した。アメリカが多国籍軍を組織してクウェートを支援し，1991 年 1 月にイラクを攻撃して**湾岸戦争**が起こった。

### 冷戦終結後の国際情勢

ヨーロッパでは，1993 年に，欧州共同体（EC）加盟 12 か国により**欧州連合（EU）**が発足した。

朝鮮半島では，韓国の大統領**金大中**が，太陽政策（融和政策）によって北朝鮮との関係改善に努め，2000 年 6 月に，南北分断後初めての**南北首脳会談**が実現した。

2016 年，イギリスは国民投票により EU 離脱を決定し，2020 年 1 月に正式に離脱した。

**非同盟諸国首脳会議**
この会議に参加した国々は，インドのネルーが掲げる「非同盟主義」の考え方に賛同し，特定の軍事同盟や軍事ブロックに参加しないこと，外国軍の駐留や軍事基地の設置を認めないこと，紛争の拡大を防止し，平和と安全の強化に努力することなどを行動指針として掲げた。

**天安門事件**
【第一次】
1976 年，周恩来首相の追悼のために天安門広場に集まった民衆が騒動を起こし，公安当局と軍によって弾圧された事件。当時副首相であった鄧小平は民衆の扇動者として責任を追及され，職務を解任された。
【第二次】
1989 年 4 月の胡耀邦（元共産党総書記）死去を契機として，学生による民主化運動が広がっていたという背景がある。

**戦後の主な国際政治**

| | |
|---|---|
| 1947年 | トルーマン・ドクトリンとマーシャル・プランの発表 |
| 1948年 | 国連が世界人権宣言を採択 |
| 1949年 | 北大西洋条約機構(NATO)発足 |
| 1955年 | アジア・アフリカ会議(バンドン会議)開催(平和十原則),ワルシャワ条約機構(WTO)発足 |
| 1989年 | 天安門事件,米ソ首脳によるマルタ会談(冷戦終結宣言) |
| 1990年 | 東西ドイツ統一 |
| 1991年 | 湾岸戦争<br>ワルシャワ条約機構解体,ソ連崩壊 |
| 1993年 | 欧州連合(EU)発足 |
| 2000年 | 朝鮮半島で分断後初の南北首脳会談 |
| 2020年 | イギリスがEU離脱 |

## 5 世界の主な地域紛争

### 中東・アフリカの民主化運動(アラブの春)

中東・アフリカでは,2010年から2011年,大規模な民主化運動が続発したことによって,長期独裁政権が崩壊した。この一連の民主化運動は「アラブの春」と呼ばれ,短期間で拡大した。

#### (1) チュニジア

2010年12月,チュニジアの失業中の男性が,路上販売を取り締まる警察官への抗議として焼身自殺を図った事件をきっかけとして,各地で大規模な反政府デモが発生した。2011年1月にはベンアリ大統領が国外逃亡し，23年間続いた独裁政権が崩壊した。このチュニジアの民衆蜂起による政変はジャスミン革命と呼ばれ，近年の中東・アフリカの民主化運動の発端となった。

チュニジアでは，2011年10月に制憲国民議会選挙が行われました。また，同年12月に大統領と首相が選出され，民主化を目指す新政権が始まっています。

### (2) エジプト

チュニジアの反政府デモの影響を受け，2011年1月から反政府デモが発生した。同年2月，ムバラク大統領が国軍最高評議会に権限を委譲したことにより，約30年間にわたった独裁政権が崩壊した（エジプト革命）。その後ムハンマド・モルシが大統領となるが，2013年7月にエジプト軍による事実上のクーデターによって解任され，拘束された。2014年以降，シシ大統領による強権政治が続いている。

**ムハンマド・モルシ**
エジプトで初めて行われた自由選挙によって大統領に選出された。また，文民として初の大統領でもあった。

### (3) リビア

2011年2月にカダフィ大佐の独裁体制に反対する民主化デモが発生し，内戦状態となった。国際社会はカダフィ政権による武力弾圧を非難し，多国籍軍を投入して政権側の軍事施設を攻撃した。これにより，同年8月には反体制派が首都を制圧し，42年間にわたった独裁政権が崩壊した。

その後，新体制への移行が始まったものの，世俗派とイスラム勢力がそれぞれ政府を樹立し，再び内戦状態となった。2019年には武力衝突が発生し，膠着状態が続いている。

### (4) シリア

2011 年 3 月，アサド大統領の独裁体制に反対するデモが発生し，内戦状態となった。その後，シリア政府軍による化学兵器使用の疑惑が生じ，国連の調査団による調査でその事実が確認された。

2013 年 9 月には，国連安全保障理事会が全会一致でシリアの化学兵器廃棄を義務づける決議を採択した。2016 年 12 月に停戦が発効したが，予断を許さない状況が続いている。

シリア政府と反政府勢力間の抗争に加え，2014 年以降はイスラム過激派勢力「イラクとレバントのイスラム国（ISIL）」の勢力が拡大し，シリア内政が複雑化してしまった。シリア危機は「今世紀最悪の人道危機」といわれている。

## パレスチナ情勢

1948 年，ユダヤ人がパレスチナにイスラエルを建国すると，それにより難民となったアラブ人（パレスチナ人）との間で，パレスチナ領有をめぐる対立抗争が始まった。1993 年のオスロ合意により，ヨルダン川西岸およびガザ地区におけるパレスチナの暫定自治が始まったが，問題の根本的な解決には至らなかった。

また，パレスチナ人の間でも，穏健派ファタハと過激派ハマスの内部抗争が起こった。2011 年 5 月に暫定統一政府の樹立に関する合意がなされたものの，現在も合意内容は実現していない。

パレスチナにはアラブ人が住んでいましたが，19 世紀になるとユダヤ人の間でシオニズムが高まり，ユダヤ人のパレスチナ移住が進みました。

## 6 欧州地域統合

### 欧州連合（EU）の歴史

EUは，1993年に発効したマーストリヒト条約によって，EC（欧州共同体）からEUへと名称を変え，発足した。原加盟国は**12**か国であり，その後下表のように加盟国が増えていった。

2016年にイギリスが国民投票によってEU離脱を決定し，2020年1月に正式に離脱したため，EUの現加盟国は**27**か国である。

**EC（欧州共同体）**
1967年に欧州経済共同体（EEC）と欧州石炭鉄鋼共同体（ECSC），欧州原子力共同体（EURATOM）の3組織が統合して成立した。

**EU加盟国の変動**

| | |
|---|---|
| **1993年** | ●マーストリヒト条約発効<br>●EU発足（原加盟国：12か国）<br>フランス，ドイツ，イタリア，オランダ，ベルギー，ルクセンブルク，イギリス，デンマーク，アイルランド，ギリシャ，スペイン，ポルトガル |
| **1995年** | オーストリア，フィンランド，スウェーデンが加盟 |
| **2004年** | ポーランド，ハンガリー，チェコ，スロバキア，リトアニア，ラトビア，エストニア，スロベニア，キプロス，マルタが加盟 |
| **2007年** | ブルガリア，ルーマニアが加盟 |
| **2013年** | クロアチアが加盟 |
| **2020年** | イギリスが離脱　（現加盟国：27か国） |

### EUの通貨統合

EUは金融政策の統一化を図るため，通貨統合を実現し，単一通貨「**ユーロ**」を導入した。現在，通貨統合参加国は19か国であり，スウェーデンやデンマークなど8か国が参加を見合わせている。

**EUの通貨統合**
単一通貨ユーロの導入に先立って，人や物の移動の自由化，欧州通貨機構の創設などの改革が段階的に行われた。

**通貨統合の参加国と非参加国**

| | |
|---|---|
| **通貨統合参加国** | アイルランド，イタリア，オーストリア，オランダ，スペイン，ドイツ，フィンランド，フランス，ベルギー，ポルトガル，ルクセンブルク，ギリシャ，スロベニア，キプロス，マルタ，スロバキア，エストニア，ラトビア，リトアニア |
| **通貨統合非参加国** | スウェーデン，デンマーク，ポーランド，チェコ，ハンガリー，ルーマニア，ブルガリア，クロアチア |

## 7 国際協力（ODAとNGO）

### ODA（政府開発援助）

**ODA**とは，Official Development Assistanceの略であり，先進国が発展途上国などに対して行う公的開発援助・経済援助のことである。

OECD（経済協力開発機構）の開発援助委員会（DAC）の発表によると，2018年の実績（支出総額ベース・贈与相当額ベース）では，1位がアメリカ，2位がドイツ，3位がイギリス，4位が日本，5位がフランスとなっている。なお，1991

年から2000年まで（支出純額ベース）は日本がODA援助実績で世界1位であったが，その後はアメリカが現在まで1位となっている。

## NGO（非政府組織）

NGOとは，人権擁護・環境保護・医療救護・災害救援などの国際協力活動を主たる目的とする非営利の民間団体のことである。

代表的なNGOとしては，死刑廃止や刑務所の待遇改善を求める「アムネスティ・インターナショナル」，子どもの権利保護を目標とする「セーブ・ザ・チルドレン」，緊急医療を行う「国境なき医師団」，反核と環境保護を訴える「グリーンピース」のほか，赤十字国際委員会，世界自然保護基金などがある。

# TRY! 過去問にチャレンジ

**No.1** **国際連合（国連）に関する記述Ａ～Ｄのうち，妥当なもののみを挙げているのはどれか。**

**【国家一般職／税務／社会人・改題】**

**A** 1945年のサンフランシスコ会議で国際連合憲章が採択され，51か国を原加盟国として国際の平和および安全の維持などを目的とした国際連合が発足した。その後，国連の加盟国は増加し，2020年末現在において190か国を超えている。

**B** 国連総会では，全加盟国が各一票の投票権を持ち，多数決によって決定を行っている。一方，常任理事国5か国および非常任理事国10か国で構成される安全保障理事会では，常任理事国が拒否権を持っている。

**C** 国連は紛争地帯等で事態の悪化を防止する国連平和維持活動（PKO）を行っているが，その活動は停戦の監視に限られており，選挙の監視等は行われていない。また，わが国の自衛隊は2020年末現在までPKOには参加していない。

**D** 経済社会理事会では人権の保障や国際経済・社会問題を扱っており，多くの専門機関が同理事会の下に設置されている。この専門機関の例としては，野生生物の保護や生態系の保護活動で知られるアムネスティ・インターナショナルが挙げられる。

**1** A，B

**2** A，C

**3** A，D

**4** B，C

**5** B，D

## 正答と解説

### No.1 の解説

**A○**　1944年のダンバートン・オークス会議で国際連合憲章の具体案が審議され，原案が採択された。そして，1945年6月のサンフランシスコ会議で国際連合憲章が正式に採択され，同年10月24日に国際連合が発足した。2020年末現在の国連加盟国は193か国である。

**B○**　安全保障理事会における重要事項の決議には，すべての常任理事国と非常任理事国4か国以上の賛成が必要であり，常任理事国のうち1か国でも拒否権を行使すれば決議することができない。

**C×**　PKOの活動内容は多様化しており，停戦の監視，選挙の監視，行政機構の再建，復興支援などが行われている。また，1992年のPKO協力法成立以降，日本の自衛隊は多くのPKOに参加している。

**D×**　専門機関とは，経済社会理事会を通じて国連と特別の提携関係を結んでいる国際機関のことであり，経済社会理事会の下に設置されているわけではない。主な専門機関として，国際通貨基金（IMF），国際労働機関（ILO），世界保健機関（WHO），国連教育科学文化機関（UNESCO）などがあるが，アムネスティ・インターナショナルは含まれない。アムネスティ・インターナショナルは，死刑廃止や刑務所の待遇改善を求めるNGOである。

よって正答は**1**である。

Chapter

# 02

# 経済

★★

テーマ 01

# 需要・供給と市場経済

・価格の種類について確認しよう。
・需要曲線と供給曲線の読み取り方を確認しよう。
・わが国の企業の形態を整理したうえで，
企業の市場支配形態の種類を理解しよう。

## 1 価格の種類

価格には市場価格，寡占価格，管理価格，統制価格などの種類がある。

### 市場価格

市場価格とは，自由競争市場において，市場の需要・供給関係の変動により成立する価格をいう。

### 寡占価格

寡占価格とは，少数の大企業が協定を結ぶことによって市場を支配する価格をいう。

1社の大企業が特定の市場を支配している場合を独占，2社以上の場合を寡占といいます。

### 管理価格

管理価格とは，製品の差別化が行われる寡占市場において，価格への強い影響力を持つ売り手がプライスリーダー（価格先導者）となり，人為的に決定される価格をいう。管理価格は，需給関係を反映せず，技術革新によって生産費が下がっても価格の低下はほとんど起こらないという，下方硬直性を持つ。

### 統制価格

統制価格とは，公共料金など，国が政策上の理由によって決定や認可をする価格をいう。

## 2 需要曲線と供給曲線

### 需要・供給の法則

需要曲線とは，価格と需要量（消費量）の関係を示す線分のことであり，供給曲線とは，価格と供給量（生産量）の関係を示す線分のことである。

**需要曲線と供給曲線**

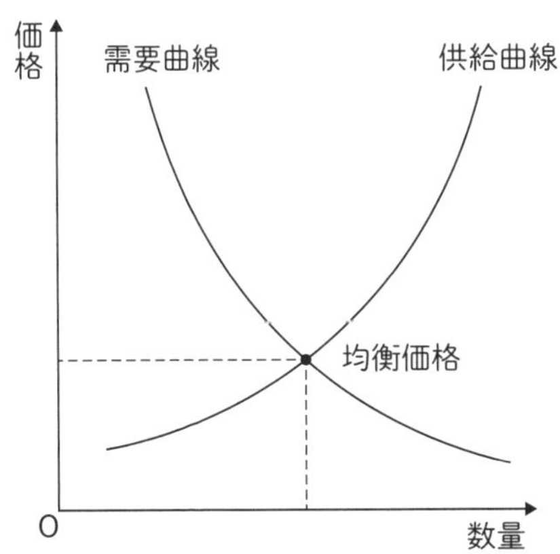


管理価格が形成されると，競合する企業間においては価格競争ではなく非価格競争が行われるようになります。

第二次世界大戦の最中から戦後にかけては，日本において必需品をはじめとする多くの品物やサービスの価格が統制されていました。

**需要曲線の傾斜**
需要量は価格が高くなると減少し，価格が下がると増加することから，需要曲線は**右下がり**の傾斜となる。

**供給曲線の傾斜**
供給量は価格が高くなると増加し，価格が下がると減少することから，供給曲線は**右上がり**の傾斜となる。

市場で自由競争が行われている場合において，需要量が供給量を上回ると価格は**上昇**し，供給量が需要量を上回ると価格は**下落**する。このことを**需要・供給の法則**という。

## 需要曲線のシフト

需要曲線は，価格が変わらずに需要が増大すると，**右**にシフトする（右のグラフでは，$D_1D_1 \rightarrow D_2D_2$ へのシフト）。反対に，価格が変わらずに需要が減少すると**左**にシフトする（右のグラフでは，$D_2D_2 \rightarrow D_1D_1$ へのシフト）。

需要曲線のシフト

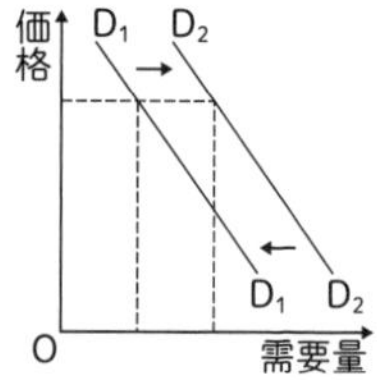


需要曲線が右へシフト（需要量が増加）する要因としては，

①消費者の所得の増大
②購買意欲の増加（貯蓄意欲の減少）
③代替財の価格の上昇
④市場の人口構成の拡大

などが挙げられる。左へシフト（需要量が低下）する要因は，これらの逆である。

## 供給曲線のシフト

供給曲線は，価格が変わらずに供給が増大すると，**右**にシフトする（右のグラフでは，$S_1S_1 \rightarrow S_2S_2$ へのシフト）。反対に，価格が変わらずに供給が減少すると**左**にシフトする（右のグラ

供給曲線のシフト

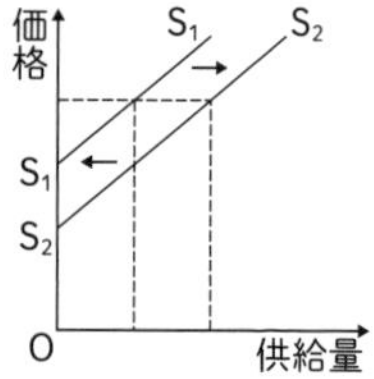

フでは，$S_2S_2 \rightarrow S_1S_1$ へのシフト）。

供給曲線が右へシフト（供給量が増加）する要因としては，

①技術革新による生産性の上昇
②原材料費の下落，賃金の下落
③間接税などの課税の軽減

などが挙げられる。左へシフト（供給量が低下）する要因は，これらの逆である。

## 3 わが国の企業の形態

わが国には，国営企業や地方公営企業のような公企業や，株式会社，合名会社，合資会社，合同会社のような私企業など，さまざまな企業の種類がある。

特に，株式会社の意義や中小企業の概念などが重要です。

### 株式会社

わが国の企業の大部分は株式会社である。株式会社は，**株式**を発行してその購入者から資金を集めることができる企業である。

株式を所有する者のことを**株主**という。株主は自分が株式を所有している株式会社に利益が生じた場合，出資した額に応じた配当を受けることができる。反対に，株式会社が倒産して債務を返済することができなくなった場合，株主は，所有している株式に価値がなくなって自分が出資した額

**株式**
均等に細分化された割合的単位の形式をとる，株式会社の社員たる地位のこと。

株式会社は資本金が1円でも設立することができます。

を失うだけであり，それ以上の責任を負うことはない。このことを**株主有限責任の原則**という。

## 中小企業

中小企業とは，中小企業基本法２条１項の規定に基づく「中小企業者」をいい，具体的には次のいずれかに該当する**会社および個人**のことをいう。

総務省と経済産業省が実施した平成28年経済センサス-活動調査によると，2016年時点の個人事業主を含む中小企業の割合は，企業数では全体の99.7%，従業員数では68.8%を占めています。

**中小企業の定義**

| 業種 | 中小企業に該当する場合（以下のいずれかを満たす） | |
|---|---|---|
| | 資本金の額または出資の総額 | 常時使用する従業員の数 |
| ①製造業・建設業・運輸業その他の業種（②～④を除く） | ３億円以下 | 300人以下 |
| ②卸売業 | １億円以下 | 100人以下 |
| ③サービス業 | 5,000万円以下 | 100人以下 |
| ④小売業 | 5,000万円以下 | 50人以下 |

## コングロマリット（複合企業体）

コングロマリットとは，複合企業体ともいい，相互に関連のないさまざまな企業を**買収・合併**して，複数の産業・業種にまたがって多角的な活動を行う企業形態のことをいう。

合併と買収をあわせてM&A (Mergers and Acquisitions) といいます。

### ベンチャー企業

ベンチャー企業とは，既存の企業が行っていない未開発分野について，革新的・創造的な事業活動を展開する企業のことをいう。

## 4 企業の市場支配形態

企業の市場支配形態には，カルテル，トラスト，コンツェルンがある。

### カルテル

カルテルとは，同一業種の企業どうしが，競争を回避するために，生産量，価格，販路などについて協定を結ぶことをいう。わが国では独占禁止法で禁止されている。

カルテル

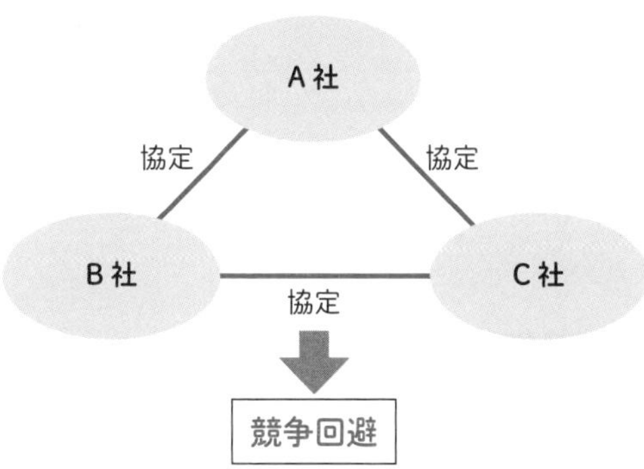


**カルテル**
企業連合ともいう。

**独占禁止法2条6項**
この法律において「不当な取引制限」とは，事業者が，契約，協定その他何らの名義をもつてするかを問わず，他の事業者と共同して対価を決定し，維持し，若しくは引き上げ，又は数量，技術，製品，設備若しくは取引の相手方を制限する等相互にその事業活動を拘束し，又は遂行することにより，公共の利益に反して，一定の取引分野における競争を実質的に制限することをいう。

**独占禁止法3条**
事業者は，私的独占又は不当な取引制限をしてはならない。

## トラスト

トラストとは，同一業種の企業どうしが**合併**などによって，新たな企業を組織して，市場の価格・供給量などを支配する状態をもたらすことをいう。わが国では**独占禁止法**で禁止されている。

トラスト

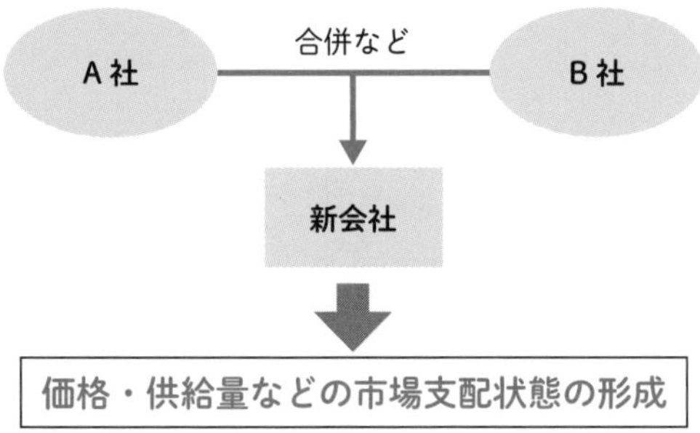


**トラスト**
企業合同ともいう。

## コンツェルン

コンツェルンとは，さまざまな分野の企業の株式を所有することを通じて，複数の業種の企業を支配して傘下に入れることをいう。主に，**持株会社**が株式を取得して企業を支配する形態である。わが国ではかつては持株会社の設立が禁止されていたが，現在では**解禁**されている。

コンツェルン

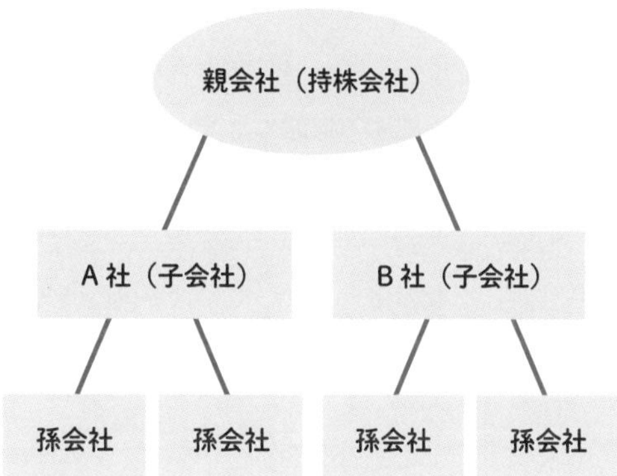


**コンツェルン**
企業結合ともいう。

独占禁止法の制定当初は，持株会社の設立が禁止されていましたが，1997 年の法改正で原則解禁されました。その背景として，企業活動のグローバル化や，産業の空洞化の懸念などがありました。

さまざまな事業を営む子会社を統括する持株会社は，社名に「ホールディングス」や「グループ」という言葉が入っているのが特徴です。

## TRY! 過去問にチャレンジ

**No.1** **企業の形態の１つであるトラスト（企業合同）に関する記述として，最も妥当なのはどれか。**

**【警視庁】**

**1**　相互に関連のないさまざまな企業を合併・買収し，複数の産業や業種にまたがって多角的に活動する形態のこと。

**2**　同一産業の複数の企業が，価格や生産量，販売地域などについて協定を結び，利潤の確保をめざす形態のこと。

**3**　持株会社が親会社となって，株式保有を通じて，各分野の企業を子会社，孫会社として傘下におさめて資本的に支配する形態のこと。

**4**　同一産業の複数の企業が，独立性を捨てて合併し巨大企業となることで，市場の独占的な支配をめざす形態のこと。

**5**　複数の国に現地子会社や系列会社などの拠点を置いて，世界的な規模で活動する形態のこと。

## 正答と解説

### No.1 の解説

**1✕**　コングロマリット（**複合企業体**）の説明である。規模の経済性を発揮できる，事業を組み合わせて相乗効果を発揮できるなどの利点があるとされる。

**2✕**　カルテル（**企業連合**）の説明である。カルテルで協定を結ぶ企業同士は，資本的には独立を保つ。日本では独占禁止法によって禁止されている。

**3✕**　コンツェルン（**企業結合**）の説明である。かつて日本では持株会社の設立が禁止されていたが，現在は解禁されている。

**4○**　代表例として，19 世紀後半にロックフェラー（アメリカ）が創立したスタンダード石油会社によるトラストが挙げられる。

**5✕**　**多国籍企業**の説明である。マーケットの拡大によって利益が伸びる，原料調達をしやすくなるなどの利点があるとされる。

★★★

テーマ 02

# 国民経済計算

・国内総生産（GDP）や国民総所得（GNI），国民純生産（NNP），国民所得（NI）の意味を正しく理解しよう。

## 1 国民経済計算のとらえ方

国民経済計算とは，国の経済の状況を，生産や消費・投資のようなフロー面や，資産，負債のようなストック面を体系的に記録した，国際的な基準である。

国の経済活動の状況やその成果を表す代表的なデータとして，GDPやGNI，NNP，NIなどが重要である。

**フロー**
一定期間についてその大きさが把握される量のこと。一定期間にどれだけの生産が行われたかを表すGDPやGNIが，フローの例である。

**ストック**
一定の時点における存在量としてとらえられる量のこと。資本量や労働者数が，ストックの例である。

### 国内総生産（GDP）

国内総生産（GDP：Gross Domestic Product）とは，ある国の領土内（国内）で一定期間内に生産された財・サービスの付加価値の合計をいい，一定期間内の国内産出額から中間生産物（中間投入額）を引いたものである。国の経済力をはかる最も基本的な指標として重視されている。

| |
|---|
| **国内総生産（GDP）**<br>**＝国内産出額－中間生産物（中間投入額）** |

**中間生産物（中間投入額）**
一つの企業が他の企業から購入した原材料や半製品，燃料のこと。

## 国民総所得（GNI）

国民総所得（GNI：Gross National Income）とは，一定期間内に生産された財・サービスの付加価値の合計をいい，GDPに海外からの所得の純受取を加えたものである。

| |
|---|
| 国民総所得（GNI）<br>＝国内総生産（GDP）＋海外からの所得の純受取 |

GDPとGNIの違いは，GDPの範囲が国内に限られるのに対して，GNIは国外の所得も含む点にある。GDPは，生産者が自国民であるか外国人であるかを問わず，自国内で生み出された付加価値の合計を表すものである。これに対し，GNIは，生産が自国内であるかどうかを問わず，すべての自国民が生み出した付加価値の合計を表すものである。

## 国民純生産（NNP），国民所得（NI）

国民純生産（NNP：Net National Product）とは，ある一定期間内に国民が得た所得の合計をいい，国民総所得（GNI）から固定資本減耗（減価償却費）を差し引いたものである。

| |
|---|
| 国民純生産（NNP）<br>＝国民総所得（GNI）－固定資本減耗（減価償却費） |

かつてはGNP(Gross National Product：国民総生産）と呼んでいましたが，近年，GNIに変更されました。


**海外からの所得の純受取**
海外からの所得の受取から海外への所得の支払を引いたもの。

国民所得（NI：National Income）とは，ある一定期間内に国民が得た所得の合計をいい，**国民純生産（NNP）**から**純間接税**を差し引いたものである。

**純間接税**
間接税から補助金を差し引いたもの。

> **国民所得（NI）**
> **＝国民純生産（NNP）－純間接税（間接税－補助金）**

## 2 国民所得の三面等価

国民所得（NI）は，その循環の過程によって，**生産（生産国民所得）**，**分配（分配国民所得）**，**支出（支出国民所得）**の三面からとらえることができる。

国民所得（NI）は，この三面のうちいずれの面から算出しても，理論的には同じ価値になる。このことを，国民所得の**三面等価の原則**という。

**国民所得の三面等価の原則**

生産国民所得 ＝ 分配国民所得 ＝ 支出国民所得

**生産国民所得**
産業から生み出された所得。第三次産業所得が最も多い。

**分配国民所得**
労働者（家計）や企業，政府などに分配された所得。労働者（家計）へ支払われる賃金が大部分を占める。

**支出国民所得**
得られた所得が，どのように利用されているかを支出面からとらえたもの。消費されるか，貯蓄されるか，海外に出ることになる。

## 3 名目 GDP と実質 GDP

名目 GDP とは，その年の GDP をその時の市場価格で評価したものであり，その年に生産された財やサービスの付加価値を合計したものである。実質 GDP とは，名目 GDP から物価変動の影響を除いたものである。

その年の経済成長率（実質経済成長率）を把握する場合は，実質 GDP を目安にします。

### 世界各国の名目 GDP

IMF 統計によると，2019 年の世界各国の名目 GDP の順位は，1 位がアメリカで約 214,332 億ドル，2 位が中国で約 144,017 億ドル，3 位は日本で約 50,799 億ドルである。4 位はドイツで約 38,616 億ドル，5 位はインドで約 28,689 億ドルとなっている。

**2019 年の世界各国の名目 GDP の順位**

| 順位 | 国名 | 名目GDP |
|---|---|---|
| 1 | アメリカ | 約214,332億ドル |
| 2 | 中国 | 約144,017億ドル |
| 3 | 日本 | 約50,799億ドル |
| 4 | ドイツ | 約38,616億ドル |
| 5 | インド | 約28,689億ドル |

（出典：IMF〈2020年10月時点〉）

# TRY! 過去問にチャレンジ

No.1

**経済指標に関する記述として，最も妥当なのはどれか。**

**【警視庁】**

**1**　フローの概念の代表例である国富は，資産の残高であり，実物資産と対外純資産で構成される。

**2**　三面等価の原則とは，政府・家計・企業からみた国民所得の大きさが一致することである。

**3**　GNI が生産面からみた指標であるのに対し，GNP は分配面からみた指標である。

**4**　名目経済成長率とは，実質経済成長率から物価上昇率を差し引いたものである。

**5**　実質 GDP は，名目 GDP を GDP デフレーターで割ることにより算出される。

## 正答と解説

### No.1 の解説

**1 ×** フローとは**一定期間**についてその大きさが把握される量のことであり，一定期間にどれだけの生産が行われたかを表すGDPやGNIが代表例である。一方，**一定の時点**における存在量としてとらえられる量のことをストックといい，国富はその代表例である。

**2 ×** 三面等価の原則とは，**生産・分配・支出**の三面からみた国民所得（NI）の大きさが一致することである。

**3 ×** GNIは**国民総所得**（Gross National Income）の略称，GNPは**国民総生産**（Gross National Product）の略称である。すべての自国民が国内外で生み出した付加価値の合計について，GNIは所得面から，GNPは生産面からとらえる。なお，GNPの概念は現在では用いられなくなっている。

**4 ×** 経済成長率は**GDP**の値を使って求めるものであり，**名目GDP**の値を使えば名目経済成長率に，**実質GDP**の値を使えば実質経済成長率になる。**名目GDP**から物価変動の影響を除いたものが**実質GDP**である。

**5 ○** GDPデフレーターとは，GDP構成項目の物価変動を表す指標である。

$$\text{実質GDP} = \frac{\text{名目GDP}}{\text{GDPデフレーター}}$$

★★★

テーマ 03

# 金融政策とインフレーション

・金融の仕組みと日本銀行の金融政策を理解しよう。
・景気循環やインフレーション・デフレーションなどの関連用語を覚えよう。

## 1 金融の仕組みと通貨制度

金融には，企業が株式や社債を発行したり，銀行などの金融機関から融資を受けたりするなど，自社以外から資金を調達することを意味する**外部金融**と，企業が保有する内部留保などによって自社内で資金調達をすることを意味する内部金融がある。

**金融**
資金の融通のこと。資金の貸借が行われる市場のことを金融市場という。

### 直接金融と間接金融

外部金融による資金の調達方法には，**直接金融**と**間接金融**の２つの方式がある。

直接金融とは，資金の**借り手**が**貸し手**から**直接**，資金の供給を受ける方法をいう。間接金融とは，資金の借り手と貸し手の間に**金融機関**が入って，資金の流れを**媒介**する方法をいう。

**直接金融の例**
企業が株式や社債を発行して金融市場から資金を直接調達することが直接金融の例である。

**間接金融の例**
企業が金融機関から資金の借入れを行うことが間接金融の例である。

## 貨幣と通貨制度

わが国の貨幣には，現金通貨と預金通貨がある。現金通貨は，日本銀行が発行する紙幣（日本銀行券）と，政府が発行する硬貨のことである。預金通貨は，現金通貨以外の普通預金や当座預金などのことである。

日本では，通貨残高のうち，預金通貨が9割以上を占めており，現金通貨よりも預金通貨の方が多くなっています。

### (1) 貨幣の機能

貨幣には，手元に置いておくことによって価値を蓄えることができるという価値貯蔵機能や，さまざまな商品の価値を金額で示すことができるという価値尺度機能などの機能がある。

### (2) 貨幣の発行方法

貨幣の発行方法に関する制度のことを通貨制度といい，通貨制度には，金本位制度と管理通貨制度がある。

金本位制度とは，国の貨幣の価値が金で裏付けられる通貨制度である。これに対し，管理通貨制度とは，通貨発行機関の自由な裁量によって，その時点での最適と思われる通貨量を決定して管理・調節する制度である。

わが国は，かつては金本位制度を採用していたが，現在は管理通貨制度を採用している。

**金本位制度**
金本位制度の下では，金と交換することができる兌換紙幣（だかんしへい）が発行される。

**管理通貨制度**
管理通貨制度の下では，通貨は金と交換することはできない（不換紙幣）。

## 信用創造

銀行は，現金を預金として受け入れると，その預金の一部を**支払準備金**として保有し，その残りを貸し出している。この貸付け操作を何度も繰り返すことで，最初に受け入れた預金の何倍もの貸出しを行うことができるようになる。この仕組みを**信用創造**という。

例えば，支払準備率が30％であるとする。A銀行が100万円の預金を受け入れた場合，A銀行はこの100万円のうち30万円を支払準備金として保有し，残りの70万円（①）を貸し出す。X社がA銀行からこの70万円を借り入れて，70万円をY社に支払い，Y社がB銀行に70万円を預金すると，B銀行は受け入れた70万円の預金のうち21万円を支払準備金として保有し，49万円（②）を貸し出す。最初の預金は100万円であったにもかかわらず，この時点でA・B両銀行合わせて119万円（①＋②）の貸出しを行ったことになっている。このような仕組みが信用創造である。

**支払準備金**
預金の払い戻しのために準備しておく資金のこと。

**支払準備率**
預金残高に対する支払準備金の比率のこと。預金準備率ともいう（⇒p.127参照）。

「預金」「貸出し」「為替」が銀行の三大業務とされています。

## 2 日本銀行の機能

国の金融機能の中核を担う銀行のことを中央銀行といい，わが国の中央銀行は**日本銀行**（**日銀**）である。日本銀行は，「**発券銀行**」「**銀行の銀行**」「**政府の銀行**」という3つの機能を持つ。

## 発券銀行

日本銀行は，紙幣（日本銀行券）を発行する唯一の銀行であり，国民生活に必要な現金を供給している。

## 銀行の銀行

日本銀行は，市中銀行との間で預金の受入れ・貸出し，有価証券の売買などの取引を行っている。

## 政府の銀行

日本銀行は，政府への資金貸付けのほか，国庫金の出納・保管，公債の発行・償還に関する事務の代行，外国為替の管理・決済など，政府の金銭面の管理を行っている。

**日本銀行の機能**

| | |
|---|---|
| 発券銀行 | 紙幣（日本銀行券）を発行する唯一の銀行である。 |
| 銀行の銀行 | 市中銀行との間で預金の受入れ・貸出し，有価証券の売買などの取引を行う。 |
| 政府の銀行 | 政府への資金貸付け，国庫金の出納・保管，公債の発行・償還に関する事務の代行，外国為替の管理・決済など，政府の金銭面の管理を行う。 |

紙幣の発行は，金融機関が日本銀行から預金を引き出すことによって行われます。

**有価証券**
国債や地方債，社債，株券など，証券市場で売買される証券のこと。また，広義の有価証券には小切手や手形も含まれる。

**公債**
国債と地方債を合わせて公債という。税収が足りない場合に，国が発行する債券が国債，地方公共団体が発行する債券が地方債である。

## 3 日本銀行の金融政策

日本銀行は，マネーサプライ（通貨供給量）をコントロールすることによって金融政策を進めており，具体的には，次の３つの金融政策を行う。

### 公定歩合操作（貸出操作）

公定歩合とは，日本銀行が市中金融機関に対して貸出しを行う際に適用される基準金利のことである。金融自由化以前のわが国では，日本銀行の市中銀行への貸出金利である公定歩合が重要な政策金利であった。しかし，1994 年に完了した金融自由化以降は，銀行間の資金貸借金利である無担保コールレート（オーバーナイト物または無担保コール・オーバーナイト・レートともいう）が政策金利となっている。

このように，公定歩合が政策金利ではなくなったことを受け，日本銀行は，2006（平成 18）年に，「公定歩合」という名称を「基準割引率および基準貸付利率」に変更した。

公定歩合を上下させることによって通貨量をコントロールし，経済活動全般に影響を与えます。


**無担保コールレート（オーバーナイト物）**
コール市場で行われる，「今日貸して明日返す」というような超短期・無担保の取引にかかる金利のこと。

### 公開市場操作（オープン・マーケット・オペレーション）

公開市場操作とは，日本銀行が金融市場で市中金融機関と有価証券を売買して通貨の量を調節することをいう。

公開市場操作には，大きく分けて，買いオペレーション（買いオペ）と売りオペレーション（売りオペ）がある。

買いオペレーションとは，金融市場に通貨が不足し，経済が停滞しているときに，日本銀行が市中金融機関から有価証券を買い，市中に出回るマネーサプライを増大させる方法である。

これに対し，売りオペレーションとは，景気の過熱を抑制するときに行われるものであり，日本銀行が市中金融機関に有価証券を売り，市中に出回るマネーサプライを減少させる方法である。

公開市場操作は，1996（平成8）年以降，日本銀行の金融政策の中心となっています。

買いオペレーションは「金融緩和」，売りオペレーションは「金融引き締め」の手段です。

## 支払準備率操作（預金準備率操作）

支払準備率操作（預金準備率操作）とは，市中銀行の預金から一定の割合を日本銀行に預金させ，通貨量を調節することをいう。

支払準備率（預金準備率）を引き上げると，日本銀行に預け入れる割合が増大するため，その分だけ市中に出回るマネーサプライの量が減少する。

反対に，支払準備率を引き下げると，日本銀行に預け入れる割合が減少するため，その分だけ市中に出回るマネーサプライの量が増大する。

## 4 景気循環の種類

**景気循環**とは，経済的要因によって発生する経済活動の繰り返しの過程のことをいう。

景気循環は，約**40か月**周期のものを短期循環（**キチンの波**），約10年周期のものを中期循環（**ジュグラーの波**），それ以上の周期のものを長期循環（**クズネッツの波**，**コンドラチェフの波**）に分けることができる。これらの景気循環が発生する主な要因としては，キチンの波については在庫の増減，ジュグラーの波については設備投資の増減，クズネッツの波については建設需要の増減，コンドラチェフの波については技術革新や大規模な戦争などが挙げられる。

景気循環は，好況，後退，不況，回復の4つの局面からなり，これらが順に繰り返し現れるとされています。

**景気循環の種類**

| 循環の種類 | 景気循環の名称 | 循環の期間 | 主な要因 |
| --- | --- | --- | --- |
| 短期循環 | キチンの波 | 約40か月 | 在庫の変動 |
| 中期循環 | ジュグラーの波 | 約10年 | 設備投資の変動 |
| 長期循環 | クズネッツの波 | 約20年 | 建設需要の変動 |
| | コンドラチェフの波 | 50～60年 | 技術革新，大規模な戦争など |

## 5 インフレーションとデフレーション

景気循環とともに顕著に現れるのが，物価変動であり，インフレーションとデフレーションがあります。

### インフレーション

ある一定期間にわたって物価が継続的に上昇する状態のことをいう。

通貨の流通量が増大すると超過需要となり，貨幣価値が下落するため，インフレーションが発生する。インフレーションが起きると，賃金や年金，預貯金などの現金資産の価値が目減りし，高齢者や生活保護受給者は大きな打撃を受けることとなる。また，家計が苦しくなり，土地や株式などの資産を所有している人と所有していない人との経済的不公平が生じることとなる。

現金や預貯金，株券，債券など，実体のない資産全般を金融資産といいます。これに対し，不動産や貴金属，美術品のように物そのものが価値をもっている資産のことを実物資産といいます。

### デフレーション

ある一定期間にわたって物価が継続的に下落する状態のことをいう。

通貨の流通量が減少すると，貨幣価値が上昇し，デフレーションが発生する。デフレーションが起きると，景気が低迷して需要量が減少し，企業の倒産や失業者の増大につながる。また，デフレーションが続くと，収益の悪化した企業は生産削減を行い，さらなる物価下落と景気後退が進行するというデフレ・スパイラルをもたらす。

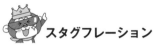

### スタグフレーション

スタグフレーションとは，スタグネーション(不況）とインフレーション（物価上昇）の合成語であり，不況の下で，物価が下落せずにインフレーションが発生している状態をいう。1970年代初めの第一次石油危機後に発生した。

原油などの原材料の価格が高騰すると，不景気でも物価が上昇してしまいます。消費者には大変厳しい状況です。

## 6 インフレーションの種類

インフレーションは，その発生原因や速度によって，次のような種類がある。

### ディマンド・プル・インフレーション

需要の増加に対して供給が追いつかないという，超過需要によって生じるインフレーションをいう。需要インフレーションともいう。

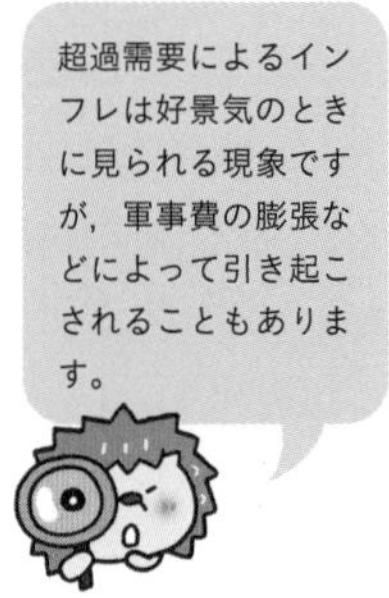


### コスト・プッシュ・インフレーション

原材料費・燃料費の上昇率が，労働生産性の増加率を上回ることによって生じるインフレーションをいう。

## クリーピング・インフレーション

忍び寄るインフレという意味。物価指数が年率２～３％程度の割合でゆるやかに上昇し続けるインフレーションをいう。

## ハイパー・インフレーション

超インフレという意味。物価指数が１年間で数倍にまで高騰するインフレーションをいう。戦争や石油危機などの状況で発生する。

**ハイパー・インフレーション**
1923年にドイツで起こったものや，21世紀初頭にジンバブエで起こったものが有名。

## ギャロッピング・インフレーション

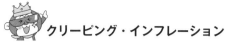

駆け足のインフレという意味。物価指数の上昇速度が，クリーピング・インフレーションとハイパー・インフレーションの中間程度（年率10％～数十％）であるインフレーションをいう。赤字国債の発行などによって発生する。

**ギャロッピング・インフレーション**
第一次石油危機によって引き起こされた「狂乱物価」はこれに該当する。

# TRY! 過去問にチャレンジ

No.1

**金融に関する記述として，妥当なのはどれか。**

**【東京都】**

**1**　金融には，企業が株式や社債を発行して，証券会社が間に立って資金を調達する外部金融と，銀行などの金融機関を通じて資金を調達する内部金融とがある。

**2**　通貨には，日本銀行券と政府が発行する硬貨とに分類される現金通貨と，決済手段として使用できる普通預金と当座預金とに分類される預金通貨とがあり，日本では現金通貨のほうが多い。

**3**　通貨の発行制度には，金本位制度と管理通貨制度とがあり，金本位制度は，中央銀行の金保有量に通貨の発行量が制約されるため，通貨価値を安定させられるメリットがあるが，現在の日本では採用していない。

**4**　日本の中央銀行である日本銀行の機能には，発券銀行，銀行の銀行，政府の銀行の３つがあり，外国為替市場に介入するのは，銀行の銀行としての機能である。

**5**　日本銀行が行う金融政策には，公開市場操作，預金準備率操作，公定歩合操作などの手段があるが，最も頻繁に行われるのは，預金準備率操作と公定歩合操作であり，公開市場操作は現在ではほとんど用いられていない。

## 正答と解説

### No.1 の解説

**1×**　銀行などの金融機関を通じて資金を調達することも，**外部金融**である。

**2×**　日本では，**現金**通貨よりも**預金**通貨のほうが多い。

**3○**　かつての日本は金本位制度を採用していたが，現在は**管理通貨制度**を採用している。

**4×**　外国為替市場への介入は，**政府の銀行**としての機能である。

**5×**　現在の日本銀行が最も頻繁に行っている金融政策は，**公開市場操作**である。

★★★ テーマ 04

# 財政政策と租税制度

・財政の機能と景気変動を調整するための財政政策の種類を押さえよう。
・租税や公債，財政投融資の意義やそれぞれの具体的な内容を覚えよう。

## 1 財政の機能・財政政策の種類と予算

### 財政の３つの機能

財政には，資源配分の調整，所得の再分配，景気の安定化（景気調整）という３つの機能がある。

国や地方公共団体が歳入・歳出を通じて，国民や住民に公共サービスを提供する一連の経済活動のことを財政といいます。

#### (1) 資源配分の調整機能

資源配分の調整とは，市場経済に任せたのでは供給されない財・サービス（公共財）を国や地方公共団体が供給することをいう。具体的には，道路や公園，上下水道などの整備や，消防や警察，公衆衛生など公的サービスを提供するなどが挙げられる。

**公共財**
社会の中で集団的に消費される財やサービスのこと。①ある人の消費によって他の人の消費が減ることはないという性質（非競合性），②特定の人を供給対象から外すことが困難であるという性質（非排除性），を有する。

#### (2) 所得の再分配機能

所得の再分配とは，累進課税制度や社会保障などによって，国民の所得の格差を是正することをいう。具体的には，高額所得者から累進課税による多額の税金を徴収したり，生活が困難な者に対して生活保護や失業保険などの社会保障の給付を行うなどが挙げられる。

### (3)　景気の安定化機能（景気調整機能）

景気の安定化機能とは，**景気の変動を調整する**ことをいう。具体的には，次で説明するフィスカル・ポリシーやビルトイン・スタビライザーなどが挙げられる。

> 所得税や住民税などの直接税には累進課税制度が適用されますが，消費税や酒税などの間接税は所得に関係なく一律に課せられます。そのため，間接税には所得が少ない人ほど負担率が高くなる逆進課税の性質（逆進性）があるといえます（⇒ p.137-138 参照）。

## 財政政策の種類

景気の変動を調整するための財政政策の種類として，**フィスカル・ポリシーやビルトイン・スタビライザー**などがある。

### (1)　フィスカル・ポリシー

フィスカル・ポリシーとは，財政政策を通じて景気の安定化を図る景気調整手段であり，**補整的財政政策**とも呼ばれる。景気を安定させるため，景気の動向に合わせて財政支出や税の増減を行う政策であり，例えば，好況期には政府支出を抑えたり，増税を行ったりする一方で，不況期には減税を行ったり公共事業を増やしたりする。

> 1929 年に始まった世界恐慌の影響で，1930 年代は世界的な不況が続いていました。そのような状況の中，1936 年にケインズの『一般理論』が発表され，景気安定化政策としてのフィスカル・ポリシー（fiscal policy）という考えが確立されていきました。

### (2)　ビルトイン・スタビライザー

ビルトイン・スタビライザーとは，**自動安定化装置**とも呼ばれ，好況期には景気過熱を抑制する方向に，不況期には景気を刺激する方向に自動的に働くように，あらかじめ財政制度に組み込まれた景気調整手段のことである。所得税などの累進課税制度や，雇用保険制度における失業手当や生活保護制度などの社会保障の給付がその代表例である。

### (3) ポリシー・ミックス

ポリシー・ミックスとは，金融政策や為替政策など，複数の政策を組み合わせることで，景気安定化の機能を果たす政策である。

## 予算

予算とは，国または地方公共団体の一定期間（一会計年度）における収入と支出の見積りである。

わが国の予算は，一般会計予算，特別会計予算，政府関係機関予算からなる。いずれの予算についても，予算の執行前に，事前に国会の議決を受けることが必要である（憲法86条；⇒ p.37-38 参照）。

### (1) 一般会計予算

一般会計とは，国の一般の歳入・歳出を経理する会計のことである。通常は，予算という場合は一般会計予算のことを指す。一般会計予算の会計年度は，1年間である。一般会計予算の歳入としては，租税や手数料があり，それだけでは経費をまかなえない場合には公債（国債）を発行することとなる。

**会計年度**
4月1日から翌年3月31日までの1年間とされており，この1年間の収入を**歳入**といい，1年間の支出を**歳出**という。

**憲法86条**
内閣は，毎会計年度の予算を作成し，国会に提出して，その審議を受け議決を経なければならない。

### (2) 特別会計予算

特別会計とは，国が特定の事業を行う場合や，特定の資金の運用を行う場合に，財政法という法律の規定に基づき，一般会計とは別に設けられる会計のことである。特別会計予算の会計年度は，一般会計予算と同じく，1年間である。

**財政法13条2項**
国が特定の事業を行う場合，特定の資金を保有してその運用を行う場合その他特定の歳入を以て特定の歳出に充て一般の歳入歳出と区分して経理する必要がある場合に限り，法律を以て，特別会計を設置するものとする。

### (3) 政府関係機関予算

政府関係機関予算とは，政府の全額出費によって設立される法人の運営などを経理する会計のことである。

## 2 租税制度

### 直接税と間接税

租税は，税負担者と納税者が同一である直接税と，税負担者と納税者が異なる間接税の2つに大別される。

直接税の例として，国税である所得税，住民税，相続税，贈与税や，地方税である住民税，固定資産税などがある。直接税は経済力のある国民ほど高負担となり，個人の所得税は高所得ほど税率が高くなるという特徴を持つ（⇒ p.135 側注参照）。

間接税の例として，国税である消費税，酒税，たばこ税や，地方税である地方たばこ税，地方消費税などがある。間接税は，国民の経済力に関係

租税とは，国および地方公共団体が，必要な経費をまかなうために，国民から強制的に徴収する金銭のことです。

なく一律徴収され，低所得者層には負担が重くなるという特徴を持つ。

**直接税と間接税**

| | 意義 | 例 |
|---|---|---|
| **直接税** | 税負担者と納税者が同一である租税 | 所得税，法人税，相続税，贈与税，住民税，固定資産税など |
| **間接税** | 税負担者と納税者が異なる租税 | 消費税，酒税，たばこ税など |

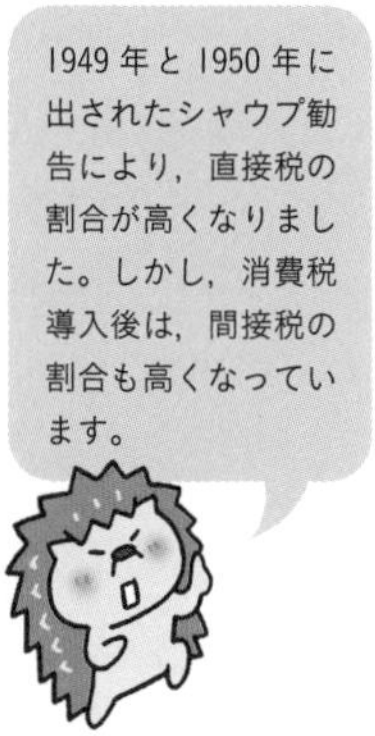

1949 年と 1950 年に出されたシャウプ勧告により，直接税の割合が高くなりました。しかし，消費税導入後は，間接税の割合も高くなっています。

なお，直接税と間接税の税収割合のことを**直間比率**といい，日本は**間接税**よりも**直接税**の割合のほうが高くなっている。

## 垂直的公平と水平的公平

国民の租税負担の公平化のため，**垂直的公平**と**水平的公平**という考え方がとり入れられている。

垂直的公平とは，租税は租税負担能力の大きい者がより多く負担するべきであるという考え方であり，水平的公平とは，租税負担能力が同じ者は租税を等しく負担するべきであるという考え方である。

**垂直的公平**
特に**所得税**は税の負担の垂直的公平を図る上で優れているとされる。

**水平的公平**
特に**消費税**は税の負担の水平的公平を図る上で優れているとされる。

## 3 公債の発行

公債とは，国および地方公共団体が，歳入が不足するときに，資金を調達するために発行する債券である。いわば，国および地方公共団体の借金である。国が発行する公債を**国債**といい，地方公共団体が発行する公債を**地方債**という。

**公債**
⇒ p.125 側注参照。

### 建設国債と赤字国債

国債には，**建設国債**と**赤字国債**がある。

建設国債は，**公共事業**などの財源のために発行される国債である。赤字国債は，特例国債ともいい，**一般会計歳入**の赤字分を補てんするために発行される国債である。

なお，財政法４条１項は，**建設国債**以外の公債の発行を**禁止**している。そのため，**赤字国債**は，特例法（特別立法）を定めて，財政法の特例として発行されている。

**〈財政法４条１項〉**
国の歳出は，公債又は借入金以外の歳入を以て，その財源としなければならない。但し，公共事業費，出資金及び貸付金の財源については，国会の議決を経た金額の範囲内で，公債を発行し又は借入金をなすことができる。

**建設国債**
1966（昭和 41）年度から毎年度発行されている。

**赤字国債**
1975（昭和 50）年度から，1990（平成 2）年度～ 1993（平成 5）年度を除いて，毎年度発行されている。

また，財政法５条は，国債発行によるインフレの防止を目的として，**日本銀行**が国債を引き受けることを原則として**禁止**している。これを**市中消化の原則**という。

> **〈財政法５条〉**
> すべて，公債の発行については，日本銀行にこれを引き受けさせ，又，借入金の借入については，日本銀行からこれを借り入れてはならない。但し，特別の事由がある場合において，国会の議決を経た金額の範囲内では，この限りでない。

**市中消化の法則**
中央銀行が国債を引き受け，政府へ資金を与え続けてしまうと，通貨増発による悪性のインフレーションが起こる危険があるため禁止されている。
例外として，償還期限が到来した国債について国が借換えを行うために，日本銀行が国債を引き受けることがある（国債振替決済制度）。

### 地方債

地方公共団体は，主な歳入として，地方債を発行することができる。なお，その他の地方公共団体の歳入としては，地方税，地方譲与税，地方特例交付金，地方交付税，国庫支出金などがある。

地方公共団体の財政については，p.60-61を参照してください。

## 4 財政投融資

**財政投融資**とは，社会資本の整備や地域開発など，長期にわたる大規模な事業への投資や融資を行うために，政府の**財政投融資計画**に基づいて進められる投資・融資活動のことである。財政投融資計画は，「**第二の予算**」と呼ばれる。

財政投融資計画は，かつては，郵便貯金や年金積立金から義務預託された資金を原資として，地方公共団体への貸付を行っていた。しかし，現在では，郵便貯金・年金積立金の預託義務は廃止され，金融市場において自主運用されている。

# TRY! 過去問にチャレンジ

**No.1** **わが国の財政や租税に関する記述として最も妥当なのはどれか。**

**【国家一般職／税務／社会人】**

**1**　国の予算は，一般会計予算，特別会計予算，財政投融資計画の３つからなり，それぞれについての主たる財源は国民が納める租税である。

**2**　地方の財政についてみると，地方公共団体は地方債を発行することはできないため，その歳入は，地方税と，国からの地方交付税交付金や国庫支出金からなる。

**3**　租税は，消費税や所得税のように税の負担者が直接納税する直接税と，酒税や住民税のように税の負担者と納税者が異なる間接税とに分けられる。

**4**　租税は，所得税や住民税のように国に納める国税と，相続税や酒税のように地方公共団体に納める地方税とに分けられる。

**5**　国債のうち，一般会計予算の経常歳入不足を補うものがいわゆる赤字国債であり，発行するためには特別立法を必要とする。

## 正答と解説

### No.1 の解説

**1 ×** わが国の予算は**一般会計予算**，**特別会計予算**，**政府関係機関予算**からなる。財政投融資計画はこれらの予算に準ずる「**第二の予算**」と呼ばれており，郵便貯金や年金積立金が原資となっている。

**2 ×** 地方公共団体は，主な歳入として，**地方債**を発行することができる。

**3 ×** 消費税は，**直接税**ではなく**間接税**である。また，住民税は，**間接税**ではなく**直接税**である。

**4 ×** 所得税，相続税，酒税は**国税**であり，住民税は**地方税**である。

**5 ○** **赤字国債**は，一般会計歳入の赤字分を補てんするために発行される国債である。財政法４条１項により，建設国債以外の公債の発行が禁止されていることから，特別立法によって，財政法の特例として発行されるものである。

★★★

テーマ 05

# 日本の経済事情

・戦後の日本経済の動向を押さえよう。
・円高と円安，外国為替相場，国際収支などに関する用語や知識を確認しよう。

## 1 戦後の日本経済

### 戦後の復興期（1945 ～ 1955 年）

終戦後の日本において社会的・経済的な混乱が続く中，GHQ（連合国総司令部；⇒ p.12 参照）は，経済民主化政策として，財閥解体，農地改革，労働改革の3つを打ち出し，日本の政治・経済構造を根本的に変革していった。

1948 年には，GHQ は戦後のインフレーションの収束を図るため，経済安定９原則によって，日本政府に対し，均衡予算，課税計画の促進強化，賃金の安定化などの実施を打ち出した。そして，1949 年，GHQ 経済顧問のドッジが日本政府に経済安定９原則の実施を強硬に求め（ドッジ・ライン），１ドル＝360 円の単一為替レートを設定したことによって，日本経済の復興の基礎を固めた。

1949 年には，アメリカから来日したシャウプ使節団が，国税は直接税を基本とするなどの税制改革であるシャウプ勧告を行った。

ドッジ・ラインの結果，インフレは収束された一方で，中小企業の倒産を招き，生産縮小と失業

第二次世界大戦後，日本経済は復興を遂げましたが，高度経済成長期，安定成長期，バブル景気の後，バブル崩壊，失業率上昇という，急激な景気の変動を経ています。

**ドッジ・ライン**
GHQ 顧問として訪日した，デトロイト銀行頭取ジョセフ・M・ドッジによる一連の経済政策のこと。

**シャウプ勧告**
⇒ p.138 側注参照。

増加がもたらされ，深刻な不況に陥った（**ドッジ不況**）。しかし，1950 年に朝鮮戦争が勃発すると，アメリカ軍を主体とする国連軍は直接ドルによる軍需物資の買付けを日本で行ったため，日本は戦後初めての好景気となった（**朝鮮特需景気**）。

## 高度経済成長期（1955 ～ 1973 年）

1955（昭和 30）年から 1973（昭和 48）年まで，実質経済成長率が年平均 10％強という高度の成長を続けた。この期間を**高度経済成長期**という。高度経済成長の要因としては，海外からの最新技術の導入による**技術革新**，**設備投資**の増大，政府による**産業保護政策**などが挙げられる。

1954（昭和 29）年 11 月から 1957（昭和 32）年 6 月にかけて，諸産業の設備投資の拡大や輸出の伸長などを要因として，朝鮮戦争後の好景気である**神武景気**が発生した。1956（昭和 31）年度の**経済白書**（現・経済財政白書）は「**もはや戦後ではない**」と記し，戦後の経済復興期の終了が告げられた。

その後，1973（昭和 48）年に発生した**第一次石油危機（オイル・ショック）**の影響によって，日本は未曽有の経済危機に見舞われ，**狂乱物価**が発生し，生産活動が停滞して深刻な物資不足に陥った。

**神武景気**
神武天皇は第一代の天皇で，日本が始まって以来の好景気という意味でつけられた俗称である。

1968（昭和 43）年には，日本の国民総生産（GNP）が西ドイツを抜いて資本主義国ではアメリカに次いで 2 位となりました。

**狂乱物価**
⇒ p.131 側注参照。

## 安定成長期（1974～1985年）

第一次石油危機の影響により，1974（昭和49）年には，戦後初めて経済成長率がマイナスとなり，これ以降，安定成長の時代を迎える。

1979（昭和54）年には第二次石油危機が発生した。

1985年にニューヨークのプラザ・ホテルで開かれた5か国蔵相会議で，当時のドル高を是正するために各国が協調介入することが合意された（プラザ合意）。その結果，当時1ドル240円台だった円相場は，1987年末には120円台にまで落ち込んだ。この急激な円高・ドル安の進行により，日本は深刻な円高不況に陥った。円高の進行は，日本企業の国際競争力を低下させるとともに，輸入の増加をもたらして日本の貿易収支の黒字は急激に落ち込んでいった。

第一次石油危機は，1973年の第4次中東戦争勃発に伴いアラブ産油国が石油輸出を停止したために起こりました。第二次石油危機は，1979年のイラン革命に伴うイランの原油生産減少によって起こりました。

**プラザ合意**
日本・アメリカ・イギリス・ドイツ・フランス（G5）の大蔵大臣および財務長官，中央銀行総裁が参加した。

## バブル経済期以後（1986年～）

1986（昭和61）年末から1991（平成3）年2月までの間の，日本における株価や地価などの価格の急激な上昇に伴う好景気をバブル景気という。

1991年3月のバブル崩壊後は，急激な円高や不良債権問題などによって，平成不況が長期間継続した。

2007（平成19）年にはアメリカで住宅価格が暴落し，住宅ローン返済の延滞が急増して金融機関が経営危機に陥った（サブプライムローン問題)。2008（平成20）年にはアメリカの大手投資銀行であるリーマン・ブラザーズが破綻した(リーマン・ショック)。これが引き金となって世界的な金融危機が発生し，日本国内の雇用情勢の急速な悪化や輸出の減少など，日本経済は大きな打撃を受けた。

## 2 円高と円安

**円高**とは，円の対外価値が高まることであり，例えば1ドル120円の外国為替相場が100円となったら，円の対外価値は20円高くなったことを意味する。

これに対し，**円安**とは，円の対外価値が安くなることであり，例えば1ドル120円の外国為替相場が140円となったら，円の対外価値は20円安くなったことを意味する。

円高になると，輸入価格が下がって輸入が増加する反面，輸出価格が上がって輸出は減少する。円安になると，この反対に輸入価格が上がって輸入が減少する反面，輸出価格が下がって輸出が増加する。

**サブプライムローン**
アメリカの住宅ローンの一種で，信用度の低い借り手（低所得者）を対象とするもの。

**リーマン・ショック**
リーマン・ブラザーズはサブプライムローンを証券化して販売していたため，住宅価格の暴落により経営破綻に追い込まれた。

## 3 外国為替相場

外国為替相場（為替レート）とは，円とドルのように，異なる通貨が交換される際の交換比率のことである。外国為替相場には，固定為替相場制と変動為替相場制がある。

固定為替相場制は，為替相場の変動を一定範囲内に限定し，安定化させるものであり，1945 年から 1971 年のブレトン・ウッズ体制下において採用された為替相場である（⇒ p.153 参照）。

固定為替相場制の時代は 1 ドル＝ 360 円でした。

変動為替相場制は，為替相場の変動を市場の需給関係に任せるものであり，日本を含む主要国は，1973 年に固定為替相場制から変動為替相場制に移行している。

## 4 国際収支

国際収支とは，ある国が外国との間で一定期間内にどのような取引をどれだけ行ったかを示すものである。つまり，ある国の居住者と，他の国の居住者との間で行われた経済取引をまとめたものが国際収支である。

2014 年 1 月から，国際収支統計の見直しが行われました。旧統計から新統計への変更の要点を確認しておきましょう。

国際収支は，経常収支，資本移転等収支，金融収支の 3 つの収支と誤差脱漏で構成され，次の式で表される。

国際収支
＝経常収支＋資本移転等収支－金融収支＋誤差脱漏
＝０

経常収支は，国際的な財・サービスの取引に関する収支をいい，貿易収支・サービス収支，第一次所得収支，第二次所得収支の総計である。

資本移転等収支は，対価の受領を伴わない固定資産の提供，債務免除，非生産・非金融資産の取得処分などの収支をいう。なお，資本移転等収支は，旧統計における「その他資本収支」が大項目として独立したものである。

金融収支は，直接投資収支，証券投資収支，金融派生商品収支，その他投資収支，外貨準備増減の合計である。

試験では，近年のわが国の経常収支動向がよく問われます。

## TRY! 過去問にチャレンジ

No.1

**次は国際収支に関する記述であるが，A，B，Cに当てはまるものの組合せとして最も妥当なのはどれか。**

**【国家一般職／税務／社会人・改題】**

国際収支は，［A］と資本移転等収支，金融収支に大きく分けることができる。［A］は商品やサービスの対外取引に関するものであり，資本移転等収支は対価を伴わない収支に関するもの，金融収支は投資などに関するものである。

［A］は，［B］，第一次所得収支，第二次所得収支の合計である。また，金融収支には直接投資収支や証券投資収支，金融派生商品収支などが含まれる。

2010年から2020年までのわが国を見ると，［A］は［C］であった。

| | A | B | C |
|---|---|---|---|
| **1** | 外貨準備 | 貿易・サービス収支 | 赤　字 |
| **2** | 外貨準備 | 経常移転収支 | 黒　字 |
| **3** | 経常収支 | 貿易・サービス収支 | 黒　字 |
| **4** | 経常収支 | 貿易・サービス収支 | 赤　字 |
| **5** | 経常収支 | 経常移転収支 | 黒　字 |

## 正答と解説

### No.1 の解説

国際収支は**経常収支**と**資本移転等収支**，**金融収支**に大きく分けることができる。よって[A]には「経常収支」が入る。

経常収支は，**貿易・サービス収支**，第一次所得収支，第二次所得収支に分けられる。よって[B]には「貿易・サービス収支」が入る。なお，経常移転収支とは，第二次所得収支の旧統計における名称である。

日本の経常収支は，増減しながらも，1996（平成８）年から 2020（令和２）年まで**黒字**で推移している。よって[C]には「黒字」が入る。

以上より，正答は**3**である。

★★

テーマ 06

# 世界の経済事情

・戦後の世界の金融制度の展開を押さえよう。
・世界の経済連携の動きとして，どのような地域的経済統合が行われているのかを確認しよう。

## 1 国際金融制度と自由貿易

第二次世界大戦後の世界の金融制度は，以下のように展開されてきた。

### ブレトン・ウッズ体制の形成

1944年，アメリカを中心とする44か国は，アメリカのブレトン・ウッズで連合国通貨金融会議を開き，**ブレトン・ウッズ協定**を結び，戦後の国際通貨安定や自由貿易振興，戦災国復興・発展途上国開発のための国際的な協力体制を作ることをめざした。このブレトン・ウッズ協定に基づいて確立した国際金融体制のことをブレトン・ウッズ体制という。

このブレトン・ウッズ協定に基づき，短期的資金の提供などを行い為替相場の安定によって国際貿易の促進を図ることなどを目的とする**IMF（国際通貨基金）**と，戦災国の復興・発展途上国の開発のための長期的資金や技術援助の提供などを目的とする**IBRD（国際復興開発銀行）**が設立された。さらに，高関税や輸入数量制限などの貿易制

ブレトン・ウッズはニューハンプシャー州にある町です。ここで行われた連合国通貨金融会議のことを「ブレトン・ウッズ会議」と呼ぶこともあります。

**IMF（国際通貨基金）**
日本は1952年に加盟した。2021年3月現在の加盟国は190か国。

**IBRD（国際復興開発銀行）**
日本は1952年に加盟し，電力や高速道路などの事業において貸出を受けた。

限を撤廃して自由貿易を促進し，発展的な国際貿易の実現を目的として，**GATT（関税および貿易に関する一般協定）**が1948年に発効した。

ブレトン・ウッズ体制下では，為替相場を安定させるために，大量に金を保有するアメリカを背景として，米ドルを基軸通貨（国際通貨）とした**金・ドル本位制**を採用し，各国の通貨はドルとの交換比率を上下１％以内に抑えるという**固定為替相場制**がとられた。

**GATT（関税および貿易に関する一般協定）**
日本は1955年に加盟。1986～1994年に行われたウルグアイラウンド（多角的貿易交渉）での合意を経てWTOが創設され，GATTはWTOへ移行した。

**金・ドル本位制**
金1オンス＝35ドルと定められた。

**固定為替相場制**
⇒p.148参照。

## ニクソン・ショックとスミソニアン体制

1960年代にアメリカの国際収支の赤字が拡大し，世界中にドルが流出してドル過剰の状況となり，ドルに対する信用が崩壊した。そこで1971年，アメリカのニクソン大統領は，**金とドルの交換の一時停止**を宣言し（**ニクソン・ショック**），これにより，実質的にブレトン・ウッズ体制は崩壊した。

また，同年，ワシントンのスミソニアン博物館で10か国蔵相会議が開かれ，金価格に対するドルの切り下げ，固定為替相場の変動幅の拡大などが合意された（**スミソニアン合意**）。この合意に基づく国際金融体制のことをスミソニアン体制という。

1960年代に，経済復興を遂げた日本や欧州各国はアメリカに対する輸出を増やし，ドルを過剰に保有するようになったため，ドルをアメリカの金と交換しました。その結果，アメリカにおいて金の不足・金価格の高騰が起こり，ドルの価値が下落したのです。

## 変動為替相場制への移行

スミソニアン体制下での固定為替相場制は，ドルへの信用が回復しないことや各国の足並みがそろわないことなどから，相次いで通貨危機を引き起こした。そのため，1973年，主要国の通貨は**変動為替相場制**に移行した。

**変動為替相場制**
⇒ p.148 参照。

1976年，ジャマイカのキングストンでIMF暫定委員会が開かれ，IMF協定改正が行われて変動為替相場制への移行が正式に合意された（**キングストン合意**）。

キングストン合意の結果，金は「廃貨」となりました。

## 2 地域的経済統合と経済連携の動き

戦後，世界貿易の自由化が進められてきたが，加盟国数の増加などにより，交渉や合意の形成が困難になってきたため，1990年代以降は，地域間で**FTA（自由貿易協定）**や**EPA（経済連携協定）**を結ぶ地域的経済統合が強まっている。

## EU（欧州連合）

1993年に発効した**マーストリヒト条約**によって, EC（欧州共同体）から名称を変えて発足した。現加盟国は27か国であり，市場統合を進展させ，統一通貨「ユーロ」を導入している。

EUの歴史に関する詳細は，p.99を参照してください。

### ASEAN（東南アジア諸国連合）

1967年に，東南アジア5か国が原加盟国となり，東南アジアの経済の発展や貿易の相互援助などの地域協力機構として結成された。現在では10か国が加盟している。なお，日本，中国，韓国がASEANとさまざまな分野で協力していく枠組みとして，ASEAN＋3がある。

### NAFTA（北米自由貿易協定）

1994年に発効した，アメリカ，カナダ，メキシコの3国間での自由貿易協定であり，関税の引き下げ・撤廃，金融や投資の自由化など，自由貿易に基づく経済の一体化をめざすものである。

### MERCOSUR（メルコスール：南米南部共同市場）

1995年にブラジル，アルゼンチン，ウルグアイ，パラグアイの4か国間で発足し，6か国が加盟国となり，チリ，ペルーなど6か国が準加盟国となっている。関税を原則として撤廃し，対外共通関税の実施などを行っている。

### AFTA（ASEAN自由貿易圏）

1993年，ASEAN加盟国が発足させた，ASEAN域内での自由貿易に関する枠組みである。日本，

ASEAN加盟国およびASEAN＋3についてはp.93を参照してください。

アメリカのトランプ大統領の要請により，2017年からNAFTAの再交渉が行われました。その結果，新たにUSMCA（アメリカ・メキシコ・カナダ協定）が結ばれ，2020年7月1日に発効しました。

**MERCOSUR（南米南部共同市場）**
加盟国は，アルゼンチン，ブラジル，パラグアイ，ウルグアイ，ベネズエラ（※資格停止中），ボリビア（※加盟手続中）の6か国。準加盟国は，チリ，コロンビア，エクアドル，ガイアナ，ペルー，スリナムの6か国。

中国，韓国は加盟していない。

### APEC（アジア太平洋経済協力会議）

1989年に発足した，日本，アメリカ，ロシア，中国，オーストラリア，東アジアや南米の発展途上国も含む，アジア・太平洋地域の21の国・地域が参加する，政府間の協議体である。アジア・太平洋地域における「開かれた地域協力」を掲げている。

### TPP（環太平洋パートナーシップ）協定

2018年12月に発効した日本やオーストラリアなどの11か国の環太平洋地域の国々による経済の自由化を目的としたEPA（経済連携協定）である。段階を経て，農産物・工業品などの貿易品目の関税が100％近く撤廃される。

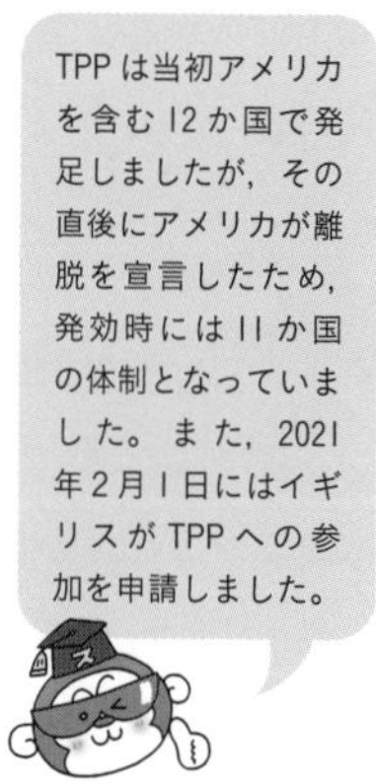

TPPは当初アメリカを含む12か国で発足しましたが，その直後にアメリカが離脱を宣言したため，発効時には11か国の体制となっていました。また，2021年2月1日にはイギリスがTPPへの参加を申請しました。

# TRY! 過去問にチャレンジ

**No.1** **第二次世界大戦後の国際経済体制に関する記述として，最も妥当なものはどれか。**

**【警視庁】**

**1** 1944年のブレトン・ウッズ協定では，IMF（国際通貨基金）とGATT（関税と貿易に関する一般協定）の設立が決められた。

**2** ブレトン・ウッズ体制の下では，ドルを基軸通貨として，ドルと金の交換が保証され，他の国々の通貨とドルの交換比率は一定の率に固定化された。

**3** 1945年に設立されたOECD（経済協力開発機構）は，戦災国の復興と開発途上国の開発，政府・企業への融資などを目的としている。

**4** 1948年に発足したWTO（世界貿易機関）は，自由貿易の促進を目的とし，関税引き下げ，輸入制限の撤廃，その他の貿易障壁の排除など多岐にわたる活動を行った。

**5** GATTのウルグアイ・ラウンドでは，工業製品以外の特許権や著作権などの知的財産権，サービス・農産物貿易をめぐり交渉が行われたが，妥結することなく交渉は決裂した。

**No. 2**

**地域的経済統合に関する記述として，妥当なのはどれか。**

**【特別区】**

**1**　EU（欧州連合）は，EC（欧州共同体）加盟国がローマ条約に調印し，通貨統合と外交や安全保障について政治統合をめざして発足し，ユーロという統一通貨を導入した。

**2**　ASEAN（東南アジア諸国連合）は，域内における経済成長，社会・文化的発展の促進，政治的・経済的安定の確保をめざして発足し，その後，日本，中国，韓国が加盟し，AFTA（ASEAN 自由貿易地域）が発足した。

**3**　APEC（アジア太平洋経済協力会議）は，アメリカ，日本，ロシア，オーストラリア，東アジアや南米の発展途上国も含む太平洋に臨む国々における地域の経済協力を強化する政府間の公式協議体である。

**4**　NAFTA（北米自由貿易協定）は，アメリカ，カナダ両国間の協定で，関税の撤廃，金融や投資の自由化，知的財産権の保護など，自由貿易に基づく北米経済の一体化をめざしている。

**5**　MERCOSUR（南米南部共同市場）は，関税撤廃と資本・サービスの移動自由化を掲げ，南米4か国により発足し，その後，アメリカ，カナダ，メキシコが加わり，FTAA（米州自由貿易地域）が設立された。

## 正答と解説

### No.1 の解説

**1×** ブレトン・ウッズ協定では，IMF と IBRD（国際復興開発銀行）の設立が決められた。GATT は 1947 年に調印，1948 年に発効した。

**2○** 金・ドル本位制の説明として妥当である。

**3×** 選択肢は IBRD（国際復興開発銀行）の説明である。OECD（経済協力開発機構）は，欧州と北米が対等のパートナーとして自由主義経済発展のための協力を行う機構として，1961 年に設立された。

**4×** 選択肢は GATT（関税と貿易に関する一般協定）の説明である。WTO（世界貿易機関）は，GATT を基として 1995 年に設立された。

**5×** ウルグアイ・ラウンドは 1986 年に始まり，難航したが，1994 年に調印に至った。なお，WTO 創設もこの合意の内容に含まれる。

### No.2 の解説

**1×** EU はマーストリヒト条約によって発足した。ローマ条約は 1957 年に調印され，これにより EEC（欧州経済共同体）が設立された。

**2×** 日本，中国，韓国は ASEAN および AFTA に加盟しておらず，ASEAN ＋ 3 という形で協力している。

**3○** APEC の説明として妥当である。

**4×** NAFTA は，アメリカ，カナダ，メキシコの 3 国間での自由貿易協定である。

**5×** MERCOSUR にアメリカ，カナダ，メキシコは加盟していない。FTAA は 1994 年の第 1 回米州首脳会議においてその構想が提唱されたが，アメリカとブラジルの意見の相違などにより交渉が難航し，現在は事実上中断されている。

Chapter

# 03

# 社会

★★★

テーマ 01

# 少子高齢化と社会保障

・日本の総人口の推移や高齢化・少子化問題について理解しよう。
・日本の社会保障制度の内容を押さえよう。

## 1 高齢化の進行

### 日本の総人口の推移

日本の総人口は，近年減少し続けている。総務省の人口推計によると，日本の総人口は 2007 年に 1 億 2800 万人台に到達したが，2011 年に 1 億 2700 万人台に，2016 年には 1 億 2600 万人台に減少し，2019 年には 1 億 2616 万人となった。

なお，国立社会保障・人口問題研究所「日本の将来推計人口（平成 29 年推計）」によれば，日本の総人口は，2040 年には 1 億 1092 万人となり，2053 年には 1 億人を割って 9924 万人に，2065 年には 8808 万人になるものと推計されている。

日本の人口問題には，大きく分けて高齢化問題と少子化問題があります。日本の総人口や出生数・出生率の推移とあわせて理解しておきましょう。

### 出生数・出生率の推移

わが国の出生数は減少を続けており，2016 年には 100 万人を下回った。厚生労働省の「令和元年（2019）人口動態統計（確定数）の概況」によると，2019 年中の出生数は 86 万 5239 人であり，前年の 91 万 8400 人よりも約 5.8％減少した。また，出生率は，2016 年には 8.0 を下回り，2019 年は 7.0 となった。

日本の人口ピラミッドの変化についてみると，第二次世界大戦前は，多産多死の「富士山型」となっていたが，「釣鐘型」を経て，近年は，少産少死の「つぼ型」となっている。

日本の人口ピラミッド（2015 年）

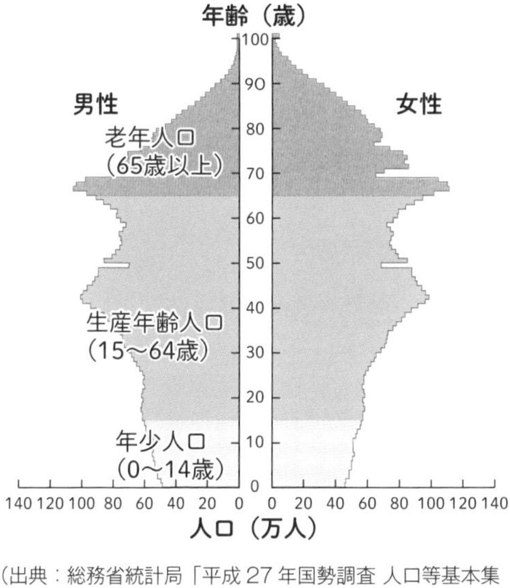


（出典：総務省統計局「平成 27 年国勢調査 人口等基本集計結果」）

**出生率**
ある国や地域の年間出生数と全人口との割合のこと。人口 1000 人当たりにおける出生数によって示す。

国連の統計（2019 年）によると，世界の人口は 2011 年に 70 億人を超え，2019 年には約 77 億人となっています。人口が最も多い地域は，世界人口の約 6 割を占めるアジアであり，2 番目はアフリカ，3 番目はヨーロッパです。

国別の人口については，世界銀行（2019 年）によると，第 1 位は中国（約 13 億 9771 万人），第 2 位はインド（約 13 億 6641 万人），第 3 位アメリカ（約 3 億 2823 万人）です。

## わが国における高齢化

わが国では，高齢化が急速に進んでいる。内閣府の「令和２年版高齢社会白書」によると，わが国の総人口に占める65歳以上人口の比率（高齢化率）は，1985年には10%を超え，2015年には26.6%，2019年には28.4%となっており，国民の４人に１人以上が高齢者という状態である。

高齢化率を2015年時点の主要国と比較すると，日本は主要国の中で最も高い水準となっている。また，倍加年数（高齢化率が７％から14%になるまでの所要年数）については，日本は24年(1970年から1994年）であったが，アメリカは72年，イギリスは46年，ドイツは40年，フランスは126年であり，日本では高齢化が急激に進行したことを示している（「令和２年版高齢社会白書」より)。

高齢化率が７％を超えた社会のことを「高齢化社会」といい，高齢化率が14%を超えた社会のことを「高齢社会」といいます。つまり，倍加年数は高齢化社会から高齢社会になるまでの早さを表しているのです。

**主要国の高齢化率と倍加年数**

| 国 | 高齢化率（2015年時点） | 倍加年数（7%→14%） |
| --- | --- | --- |
| 日本 | 26.6% | 24年 |
| アメリカ | 14.6% | 72年 |
| イギリス | 18.0% | 46年 |
| ドイツ | 21.2% | 40年 |
| フランス | 18.9% | 126年 |

（出典：内閣府「令和２年版高齢社会白書」，国立社会保障・人口問題研究所「人口統計資料集〈2020年版〉」）

## 2 少子化の進行

### 年少人口

年少人口とは，0歳から14歳までの人口のことである。わが国の年少人口は近年減少し続けている。内閣府が発表した「令和2年版少子化社会対策白書」によれば，2019年の総人口に占める年少人口の割合は12.1%（1521万人）である。これに対して，老年人口（65歳以上人口）は28.4%（3589万人）であり，年少人口の倍以上となっている。

### 出生数

先述のとおり，2019年の出生数は86万5239人であり，1899年の調査開始以来最も少ない数となった（→p.162参照）。前年から5万3161人減っており，4年連続で減少している（厚生労働省「令和元年〈2019〉人口動態統計〈確定数〉の概況」より）。

### 合計特殊出生率

合計特殊出生率とは，1人の女性が生涯に産む子どもの数の平均値のことをいう。わが国の合計特殊出生率は，2005年には過去最低の1.26まで

少子化とは，出生率の低下が原因で子どもの数が少なくなることをいい，わが国は深刻な少子化にあります。その要因としては，未婚化や晩婚化などが挙げられます。

落ち込んだ。その後は緩やかな上昇傾向にあったものの，近年は再び低下傾向にあり，2018 年は 1.42，2019 年には 1.36 となり，4 年連続の低下となった。

内閣府「令和 2 年版少子化社会対策白書」によれば，2019 年の都道府県別の合計特殊出生率は，最高が沖縄県の 1.82，次いで宮崎県の 1.73 であり，最低は東京都の 1.15 である。

日本の合計特殊出生率は，主要国と比較して低い数値となっています。

## 3 平均寿命の推移

わが国は世界有数の長寿国であり，平均寿命は伸びる一方である。

わが国の平均寿命（0 歳の平均余命）は男女ともに 2012 年以降，伸び続けており，2019 年の平均寿命は，男性 81.41 歳，女性 87.45 歳であった（厚生労働省「令和元年簡易生命表の概況」より）。

**平均余命**
たとえば，20 歳の人々が 20 歳以降に生存する年数の平均を，20 歳における平均余命という。

**日本の平均寿命の推移**

| 年 | 男性 | 女性 |
|---|---|---|
| 1947（昭和22）年 | 50.06歳 | 53.96歳 |
| 1990（平成2）年 | 75.92歳 | 81.90歳 |
| 2000（平成12）年 | 77.72歳 | 84.60歳 |
| 2019（令和元）年 | 81.41歳 | 87.45歳 |

（出典：厚生労働省「令和元年簡易生命表の概況」）

## 4 核家族化と世帯の変化

### わが国における核家族化

核家族とは，家族の形態の一つであり，「夫婦のみの世帯」，「夫婦とその未婚の子のみの世帯」，「ひとり親（父親または母親）とその未婚の子のみの世帯」のことをいう。

厚生労働省「2019年国民生活基礎調査の概況」によれば，2019年におけるわが国の核家族は，世帯総数の59.8%を占めている。わが国では，一般的に核家族化が進んでいるといわれている。

核家族化の原因は，単に家族員数が減少したことのみではなく，現代において家族の機能が縮小したということも一因であると考えられています。

### 世帯の変化

わが国の世帯数は近年，増加傾向にある。ただし，世帯人員3人以上の世帯が減少し，一人暮らし（単独世帯）が増加していることから，1世帯当たりの人数は減少傾向にある。

#### (1)　平均世帯人員

厚生労働省「2019年国民生活基礎調査の概況」によれば，平均世帯人員は，2010年は2.59人であったが，2019年は2.39人に減小している。

#### (2)　高齢者世帯

高齢者世帯とは，65歳以上の者のみで構成される世帯，またはこれに18歳未満の未婚の者が加わった世帯のことをいう。

厚生労働省「2019年国民生活基礎調査の概況」によれば，高齢者世帯は，2010年は約1020万世帯で全世帯の21.0％を占めていたが，2019年は，約1488万世帯に拡大しており，全世帯の約28.7％を占めるに至っている。

## 5 日本の社会保障制度

わが国の社会保障制度は，**社会保険**，**公的扶助**，**社会福祉**，**公衆衛生**の4つの柱から成り立っている。日本国憲法25条が保障する，国民の生存権および国の社会保障的義務のもとに成り立つ，国の基本的な制度である。

**憲法25条（生存権）**
⇒p.25-26参照。

### 社会保険

社会保険とは，国民を被保険者として，国や事業主が保険者となって保険料を積み立て，失業，疾病，労働災害などの生活上の障害が起きたときに一定の給付を行う制度である。①**年金保険**，②**医療保険**，③**雇用保険**，④**労災保険**，⑤**介護保険**の5つの種類がある。

#### (1) 年金保険

年金保険には，**国民年金**（基礎年金）と**厚生年**

**国民年金**
20歳以上60歳未満の国民全員が必ず加入しなければならない年金。

**厚生年金**
会社員や公務員などが加入する，国民年金に上乗せされて給付される年金。

金がある。なお，公務員等を対象とする共済年金は，2015 年に民間会社員対象の厚生年金に統合された。

年金保険には，**積立方式**と**賦課方式**の２つの財源調達方式がある。日本では，かつて積立方式を採用していたが，現在は賦課方式を採用している。

**積立方式**
将来支給される年金の原資をあらかじめ保険料によって積み立てていく方式。

**賦課方式**
一定期間に支給する年金をその期間の保険料で賄う方式。

### (2) 医療保険

医療保険には，民間企業の被用者を対象とした**健康保険**や，公務員などを対象とした**共済組合**，自営業者その他の一般国民を対象とした**国民健康保険**などがある。

**医療保険**
左記のほかに，船員保険や後期高齢者医療制度などがある。日本では，すべての国民が公的医療保険に加入する国民皆保険制度が導入されている。

### (3) 雇用保険

雇用保険は，**雇用保険法**に基づいて運用される失業補償制度である。政府が保険者となり，31 日以上の雇用見込みがあり，週所定労働時間が 20 時間以上などの条件を満たす雇用者が対象となる。

**雇用保険法**
1974（昭和 49）年に，失業保険法に代わって制定された。

### (4) 労災保険

労災保険は，**労働者災害補償保険法**に基づいて運用される労災補償制度である。療養補償給付，休業補償給付，傷病補償年金，障害補償給付，遺族補償給付などがある。

**労働者災害補償保険法**
1947（昭和 22）年に，労働基準法と同時に制定された。労災法または労災保険法と呼ばれることもある。

## (5) 介護保険

介護保険は，2000 年 4 月から実施された制度で，高齢者が高齢者を介護する**老老介護**の状況に対処しようとするものである。40 歳になると介護保険への加入が義務づけられる。

## 公的扶助

公的扶助は，国民の健康と生活を守るために，貧困・低所得者のような生活に困窮する人に対して最低限度の生活を保障し，自立を助長する制度である。公的扶助の中心となるのが**生活保護制度**である。

## 社会福祉

社会福祉は，援護を必要とする児童・高齢者・心身障害者・ひとり親家庭などに対し，専門的な対人サービスを提供する制度である。

## 公衆衛生

公衆衛生は，国民の疾病予防や治療，上下水道などの生活環境の整備・保全，廃棄物処理などを行う制度である。

**介護保険**
市区町村が保険者となり，被保険者は，65 歳以上の第 1 号被保険者と 40 歳から 64 歳までの第 2 号被保険者に分類される。

**生活保護**
生活困窮者に最低限の生活を保障することを目的とする，生活保護法に基づく制度であり，生活・教育・住宅・医療・出産・生業・葬祭・介護の 8 つの扶助がある。

**社会福祉**
わが国の社会福祉は，以下のような法律に基づき展開されている。
①生活保護法
②児童福祉法
③身体障害者福祉法
④知的障害者福祉法
⑤老人福祉法
⑥母子及び父子並びに寡婦福祉法
⑦老人保健法
⑧社会福祉法
⑨社会福祉・医療事業団法
なお，上記①～⑥は**福祉六法**と総称される。

## 社会保障給付費の推移

社会保障給付費とは，「年金」，「医療」，「福祉その他」の社会保障３分野について，社会保険料や税金などを財源とする費用を集計したものである。わが国の社会保障給付費は，高齢化・少子化に伴って近年急激に増加している。

財務省の財政制度分科会（令和２年10月８日開催）参考資料「社会保障について①」によれば，2020年度の給付費総額（予算ベース）は約126.8兆円である。「年金」の割合は，高齢化に伴い一時期は50％を超えたが，給付額抑制の制度改正などによって，近年は40％台となっている。「医療」は，かつては社会保障給付費の50％以上を占めていたが，年々その割合が低下し，近年は30％台となっている。「福祉その他」は，高齢化が進む中で介護支出が大きく増加したため，近年は増加傾向にある。

社会保障給付費の集計は，ILO（国際労働機関）の基準によって行われます。

**社会保障給付費の総額・内訳**

| 年度 | 1970 | 1980 | 1990 | 2000 | 2010 | 2020 |
|---|---|---|---|---|---|---|
| 給付費総額 | 3.5兆円 | 24.9兆円 | 47.4兆円 | 78.4兆円 | 105.4兆円 | 126.8兆円 |
| 年金 | 24.3% | 41.5% | 50.1% | 51.7% | 49.6% | 45.5% |
| 医療 | 58.9% | 43.2% | 39.3% | 33.9% | 31.9% | 32.0% |
| 福祉その他 | 16.8% | 15.3% | 10.6% | 14.4% | 18.5% | 22.5% |

※2020年度は予算ベース。
（出典：財務省財政制度分科会〈令和２年10月８日開催〉参考資料「社会保障について①」）

## 6 年金制度に関する法改正

### 年金改革法

現在の高齢者に配慮しつつ，将来年金を受け取る若い世代の年金を確保することを目的として，2016年12月に，「公的年金制度の持続可能性の向上を図るための国民年金法等の一部を改正する法律」（年金改革法）が成立した。

主な内容としては，①**短時間労働者**への被用者保険の適用拡大，②国民年金第1号被保険者の**産前産後期間**の保険料の免除，③**年金額**の改正ルールの見直しなどがある。

「①短時間労働者への被用者保険の適用拡大」は，労働参加を促進することや，年金水準を確保することなどを目的としています。

### 年金制度改革関連法

2020年5月に「年金制度の機能強化のための国民年金法等の一部を改正する法律」（**年金制度改革関連法**）が成立し，一部を除き，2022年4月1日から順次施行される。

主な内容としては，①**社会保険**の適用拡大，②**在職中**の年金受給のあり方の見直し（在職老齢年金制度の見直し，在職定時改定の導入），③**繰下げ受給**の上限年齢の引上げ（70歳→75歳），④**確定拠出年金**の加入可能要件の見直しなどがある。

社会の高齢化が進み，働き手となる若い世代の人口が減少している中，今後は高齢者も仕事を続けていくことが見込まれます。こうした社会・経済の状況の変化を年金制度に反映しようという目的で改革が行われました。

## 7 国民負担率の国際比較

国民負担率とは，**租税負担率**と**社会保障負担率**を合計したもので，国民の所得のうち税金や社会保険料などの負担が占める割合のことである。

日本の国民負担率は，2021年度の見通しでは44.3%であり，近年上昇傾向にあるものの，主要国との国際比較においては，特に高い水準にあるわけではない。アメリカ，イギリス，ドイツ，スウェーデン，フランスと比較すると，日本の国民負担率および租税負担率はアメリカに次いで低くなっている（財務省「国民負担率の国際比較」より）。

**租税負担率**
国民所得に対する租税収入金額（国税や地方税など）の割合。

**社会保障負担率**
国民所得に対する社会保障負担額（年金や健康保険料など）の割合。

**社会保障負担率・租税負担率の国際比較（対国民所得比／2018年）**

| 国 | 社会保障負担率 | 租税負担率 | 合計（国民負担率） |
|---|---|---|---|
| アメリカ | 8.4% | 23.4% | 31.8% |
| イギリス | 10.8% | 37.0% | 47.8% |
| ドイツ | 22.8% | 32.1% | 54.9% |
| スウェーデン | 5.3% | 53.5% | 58.8% |
| フランス | 25.6% | 42.7% | 68.3% |
| 日本（2018年度） | 18.2% | 26.1% | 44.3% |
| 日本（2021年度見通し） | 18.9% | 25.4% | 44.3% |

（出典：財務省「国民負担率の国際比較」）

# TRY! 過去問にチャレンジ

**No. 1** **わが国の社会保障制度に関するＡ～Ｄの記述のうち，妥当なものを選んだ組合せはどれか。**

**【特別区】**

Ａ　わが国の社会保障制度は，憲法の平等権の理念に基づいて整備され，社会保険，公的扶助，社会福祉の３つの柱から成り立っている。

Ｂ　社会保険は，疾病などの場合に現金やサービスを給付する制度であり，医療保険，年金保険，雇用保険，労災保険，介護保険の５種類がある。

Ｃ　公的扶助は，生活困窮者に対して最低限度の生活を保障するものであり，生活保護法に基づいて，生活，教育，住宅，医療，介護，出産，生業，葬祭の８つの扶助が実施されている。

Ｄ　社会福祉は，社会的援助を必要とする人々に国が施設やサービスを提供するものであり，生活保護法，児童福祉法，身体障害者福祉法，知的障害者福祉法，老人福祉法，社会福祉法は福祉六法と呼ばれている。

**1**　Ａ，Ｂ
**2**　Ａ，Ｃ
**3**　Ａ，Ｄ
**4**　Ｂ，Ｃ
**5**　Ｂ，Ｄ

## 正答と解説

### No.1 の解説

A✕ わが国の社会保障制度は，**生存権**（憲法 25 条）の理念に基づいて整備され，**社会保険**，**公的扶助**，**社会福祉**，**公衆衛生**の４つの柱から成り立っている。

B○ 社会保険は，国民を**被保険者**として，国や事業主が**保険者**となって保険料を積み立て，生活上の障害が起きたときに一定の給付を行う制度であり，選択肢の記述のとおり５種類の保険がある。

C○ 公的扶助は，貧困・低所得者などの生活困窮者に対して最低限度の生活を保障し，自立を助長する制度。**生活保護制度**は公的扶助の中心となるもので，選択肢の記述のとおり同法に基づき８つの扶助が実施されている。

D✕ 社会福祉法は福祉六法に含まれない（**母子及び父子並びに寡婦福祉法**が含まれる）。福祉六法については，p.170 側注を参照。

よって正答は４である。

テーマ 02

# 労働問題

・わが国の労働力人口・労働力人口比率や完全失業率の動向を押さえよう。
・労働三法や近年の労働関連法令の改正について理解しよう。

## 1 日本の就業構造

### 労働力人口・労働力人口比率

わが国の就業構造については，労働力人口や労働力人口比率，完全失業者数と完全失業率を把握することが重要である。

#### (1) 労働力人口

総務省統計局「労働力調査　用語の解説」によれば，労働力人口とは，15歳以上の人口のうち，「就業者」と「完全失業者」を合わせたものをいう。就業者とは，「従業者」と「休業者」を合わせたものをいう。

また，完全失業者とは，次の3つの条件を満たす者をいう。

①仕事がなくて調査週間中に少しも仕事をしなかった
②仕事があればすぐ就くことができる
③調査週間中に，仕事を探す活動や事業を始める準備をしていた（過去の求職活動の結果を待っている場合を含む）

**従業者**
調査週間中に賃金，給料，諸手当，内職収入などの収入を伴う仕事を1時間以上した者をいう。

**休業者**
仕事を持ちながら，調査週間中に少しも仕事をしなかった者のうち，①雇用者で，給料・賃金（休業手当を含む）の支払を受けている者または受けることになっている者，②自営業主で，自分の経営する事業を持ったままで，その仕事を休み始めてから30日にならない者，をいう。

わが国の労働力人口は，2012年までは年々減少していたものの，以降は緩やかな増加傾向にある。ただし，2020年平均の労働力人口は6868万人となり，前年から18万人減少し，8年ぶりの減少となった（総務省統計局「労働力調査〈基本集計〉2020年度〈令和2年度〉平均結果」より）。

## (2)　労働力人口比率

労働力人口比率とは，15歳以上の人口に占める「**労働力人口**」の割合のことである。

総務省統計局「労働力調査（基本集計）2020年度（令和2年度）平均結果」によれば，労働力人口比率は，2020年平均で62.0%であり，労働力人口と同じく8年ぶりの低下となった。男女別では，男性は71.4%，女性は53.2%となっている。

女性の労働力人口は，2012～2019年の間では増加し続けていました。一方，男性の労働力人口は，2010～2015年の間は緩やかな減少傾向にありました。

**労働力人口・労働力人口比率の推移（年平均）**

| | 労働力人口（万人） | 労働力人口比率(%) | | |
|---|---|---|---|---|
| | | 男 | 女 | 男女 |
| 2000（平成12）年 | 6766 | 76.4 | 49.3 | 62.4 |
| 2005（平成17）年 | 6651 | 73.3 | 48.4 | 60.4 |
| 2010（平成22）年 | 6632 | 71.6 | 48.5 | 59.6 |
| 2015（平成27）年 | 6625 | 70.3 | 49.6 | 59.6 |
| 2020（令和2）年 | 6868 | 71.4 | 53.2 | 62.0 |

（出典：総務省統計局「労働力調査　長期時系列データ表3〈2〉」）

## 完全失業者数・完全失業率

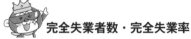

完全失業率とは，労働力人口に占める完全失業者の割合のことである。

完全失業者数・完全失業率ともに，2002年に過去最多・最高を記録したが，2011年から完全失業率は低下傾向にある。ただし，完全失業者数は2020年平均で191万人となり，前年から29万人増え，また，完全失業率は，2020年平均で2.8%と，前年に比べ0.4ポイント上昇し，いずれも11年ぶりの増加・上昇となった（総務省統計局「労働力調査〈基本集計〉2020年度〈令和2年度〉平均結果」より）。

15歳以上の人口のうち，就業者にも完全失業者にも該当しない者を「非労働力人口」といい，家事・通学をしている人や高齢者などがこれに含まれます。

**完全失業者数・完全失業率の推移（年平均）**

| | 完全失業者数（万人） | 完全失業率(%) | | |
|---|---|---|---|---|
| | | 男 | 女 | 男女 |
| 2000(平成12)年 | 320 | 4.9 | 4.5 | 4.7 |
| 2005(平成17)年 | 294 | 4.6 | 4.2 | 4.4 |
| 2010(平成22)年 | 334 | 5.4 | 4.6 | 5.1 |
| 2015(平成27)年 | 222 | 3.6 | 3.1 | 3.4 |
| 2020(令和2)年 | 191 | 3.0 | 2.5 | 2.8 |

（出典：総務省統計局「労働力調査　長期時系列データ表3〈4〉」）

## 2 労働三法および近年の労働関連法令の整備

労働三法とは，労働組合法，労働関係調整法，労働基準法の３つの法律の総称である。いずれも，労働関係および労働者の地位の保護・向上などを目的として，第二次世界大戦後に制定された。

### 労働組合法

労働組合法は，労働者の地位の向上のために，労働者が使用者と対等の立場で交渉することができるようにすることや，労働者が労働組合を組織して団結することなどを保障した法律である。また，労働組合法は，使用者の不当労働行為に対して，労働組合が労働委員会への救済を申し立てることができる旨を定めている。

**労働委員会**
労働組合法 19 条に基づき，使用者を代表する「使用者委員」，労働者を代表する「労働者委員」，公益を代表する「公益委員」の三者によって構成される。中央労働委員会と都道府県労働委員会の２種類がある。

なお，厚生労働省の「令和２年労働組合基礎調査の概況」によると，わが国の 2020 年６月 30 日現在における単一労働組合の労働組合数は 23,761 組合，労働組合員数は 1,011 万５千人であり，労働組合の推定組織率（雇用者数に占める労働組合員数の割合）は 17.1％である。

### 労働関係調整法

労働関係調整法とは，労働関係の公正な調整を図り，労働者と使用者の間の争い（労働争議）を予防・解決することを目的に，労働争議の解決法などを定めた法律である。

労働争議の解決方法として，**労働委員会**が，**あっせん**，**調停**，**仲裁**の手続きにより調整を行うことが規定されている。

**あっせん**
労働委員会の会長が指名するあっせん員が労使双方の言い分を聞き，両者間に入って調整をする手続き。

**調停**
労働者，使用者，公益を代表する調停委員によって構成される調停委員会が労使双方の言い分を聞き，調停案を作成して，労使双方に提示する手続き。調停案を受託するかどうかは，労使双方の自由である。

**仲裁**
労働委員会の公益委員３名で構成される仲裁委員会が労使双方の言い分を聞き，拘束力を持つ仲裁裁定を出す手続き。

## 労働基準法

労働基準法は，労働時間や賃金の支払に関するルール，休日など，労働条件の**最低基準**を定めた法律である。なお，賃金については，**最低賃金法**に基づき，賃金の最低基準が各都道府県別に定められている。

労働時間については，完全週休２日制の普及，１日８時間・週40時間労働制の施行，パートタイム労働者の増加などによって，短縮傾向が続いている。

## 近年の労働関連法令の整備

働き方の多様化や，ワーク・ライフ・バランス（仕事と生活の調和）を実現するために，2019年４月１日から「**働き方改革関連法**」が順次施行されている。

主な内容としては，月45時間まで，年360時間までを原則とする**時間外労働**の上限規制が導入された。また，**年次有給休暇**の確実な取得のために，使用者は，10日以上の年次有給休暇が付与されるすべての労働者に対して毎年５日，時季を指定して有給休暇を与えなければならないとされた。

さらに，「**同一労働同一賃金**」の実現のために，パートタイム・有期雇用労働法や労働者派遣法が改正され，同一企業内における正規雇用労働者と非正規雇用労働者（パートタイム労働者，有期雇用労働者，派遣労働者）の間で，基本給や賞与などの待遇について不合理な待遇差を設けることが禁止された。この他にも，労働契約法が改正され，有期労働契約の無期契約への転換（**無期転換ルール**）が規定された。

そのほかに，「フレックスタイム制の拡充」「高度プロフェッショナル制度の創設」なども働き方改革関連法の内容に含まれています。

# TRY! 過去問にチャレンジ

**No.1** **わが国の労働法に関する記述として，最も妥当なのはどれか。**

**【東京消防庁】**

**1**　第二次世界大戦前の労働基本権に関わる法律は，労働基準法が制定されていただけで十分な保障はされていなかった。

**2**　労働者の団体行動権（争議権）は，第二次世界大戦終戦直後は経済復興を優先するため認められず，昭和 30 年代になって労働組合法により保障された。

**3**　労働関係調整法では，賃金・労働時間・休日・休暇・解雇手続きなど，およそすべての労働関係において，その最低基準を定めている。

**4**　1990 年代以降，アルバイトやパート・派遣社員・契約社員などの非正規雇用の割合が増加したことを受け，政府は労働者派遣法を制定･改正し，非正規雇用の対象を制限した。

**5**　労働者の雇用・採用・昇進・定年など，労働条件のすべてにわたり男女差別を禁止する男女雇用機会均等法が制定され，後の改正でセクシュアルハラスメントの防止も義務づけられた。

## 正答と解説

### No.1 の解説

**1** ✕ 労働基準法の制定は第二次世界大戦後（**1947**年）のことである。

**2** ✕ 労働者の団体行動権（争議権）は，憲法28条によって保障されている権利である。また，現行の労働組合法は1949（昭和24）年に制定された法律であり，憲法28条で保障された**団結権・団体交渉権・団体行動権**について具体的に規定している。

**3** ✕ 選択肢は**労働基準法**および**最低賃金法**の説明である。労働関係調整法は，労働争議を予防・解決することを目的とする法律であり，労働争議の解決法などを規定している。

**4** ✕ 労働者派遣法は**1985**年に制定された法律である。また，同法は派遣労働者を保護するための法律であり，アルバイトやパート，契約社員を対象とする法律は1993年に制定されたパートタイム労働法（現在は**パートタイム・有期雇用労働法**）である。1990年代以降，非正規雇用の割合が増加したことを受けて，政府はパートタイム労働法の制定・改正や労働者派遣法の改正を行い，非正規雇用の対象を拡大した。

**5** ○ 1985年に制定された**男女雇用機会均等法**は，労働条件のすべてにわたり男女差別を禁止する法律であり，1997年の改正によって女性労働者に対する**セクシュアルハラスメント防止**のための配慮が事業主に義務づけられ，2006年の改正によって男性労働者に対するセクシュアルハラスメント防止のための雇用管理上の措置が事業主に義務づけられた。

★★

テーマ 03

# 環境・エネルギー問題

・地球環境問題の具体的な内容および国際的な取組みを整理しよう。
・エネルギーや資源に関する知識や有効活用について理解しよう。

## 1 地球温暖化

### 地球温暖化の原因

現在における深刻な環境問題である地球規模の気温の上昇は，主として，人間活動による**温室効果ガス**の増加が原因であると考えられている。

大気中に含まれる二酸化炭素などの温室効果ガスは，地球から熱を逃がす働きをする赤外線をさえぎるガスである。人間活動による化石燃料の使用・森林の減少などによって，大気中の温室効果ガスの濃度が急激に増加したことで，地表面の温度が上昇しているといわれている。

植物は二酸化炭素を吸収して光合成を行いますが，その植物が減少することによって相対的に二酸化炭素が増加してしまいます。

### 温室効果ガスの種類および排出原因

温室効果ガスには，自然に存在する水蒸気，オゾンのほか，人間活動によって増加した代表的なものとして，**二酸化炭素**（$CO_2$），**メタン**，**一酸化二窒素**，**フロン**などがある。

### (1) 二酸化炭素

地球温暖化に及ぼす影響がもっとも大きな温室効果ガスであり，石炭や石油などの**化石燃料**の燃焼や**セメント**の生産などによって，大量の二酸化炭素が大気中に放出される。

### (2) メタン

二酸化炭素に次いで地球温暖化に及ぼす影響が大きい温室効果ガスである。湿地や池，**水田**で枯れた植物が分解する際に発生し，**家畜**のげっぷにもメタンが含まれ，また，**天然ガス**の採掘時にも発生する。

### (3) 一酸化二窒素

亜酸化窒素とも呼ばれる。主な排出原因として，**化石燃料**の燃焼や**窒素肥料**の使用などが挙げられる。

### (4) フロン

フロンは，フロンの一種であるHFC（ハイドロフルオロカーボン）に代表される代替フロンが**冷蔵庫**や**エアコン**，冷凍空調機器などの冷媒に使用されることで排出されている。

**フロン**
20世紀に発明された人工物質。理想的な冷媒として盛んに使用されていたが，数種類あるフロンのうち一部のもの（特定フロン）はオゾン層を破壊することが判明し，国際的に使用が抑制されるようになった。
特定フロンに代わるものとして，オゾン層を破壊しない代替フロンが使用されるようになったが，それが今度は地球温暖化の原因物質となっている。

## 地球温暖化に対する国際的取組み

### （1） 気候変動に関する政府間パネル（IPCC）

人間活動による地球温暖化に関し，政府間レベルで検討を行う初めての国際組織として，1988年に世界気象機関（WMO）と国連環境計画（UNEP）の共同で設立された組織である。

IPCCは5～6年ごとに，温暖化の環境・社会・経済への影響評価と対策などを発表しています。

### （2） 気候変動に関する国際連合枠組条約（国連気候変動枠組条約）

大気中の温室効果ガスの濃度を気候体系に危害を及ぼさない水準で安定化させることを目的とした条約であり，1992年の環境と開発に関する国連会議（国連環境開発会議・地球サミット）で採択され，1994年に発効した。

全国連加盟国である197か国・地域が締結・参加し，日本は1993年に締結した。全締約国には，温室効果ガス削減計画の策定・実施や，排出量の実績を公表することが義務付けられている。

この条約に基づいて，1995年から毎年，気候変動枠組条約締約国会議（COP）が開催されている。

**環境と開発に関する国連会議（国連環境開発会議・地球サミット）**
1992年にブラジルのリオデジャネイロで開催された国際会議。環境と開発に関するリオ宣言や，21世紀に向けた行動計画である「アジェンダ21」が採択されたほか，国連気候変動枠組条約や生物多様性条約への署名が行われた。

### （3） 京都議定書

1997年に京都市で開催された気候変動枠組条約第3回締約国会議（COP3）において，2020年までの温暖化対策の目標として，先進国および市場経済移行国の温室効果ガス排出の削減目的を定めた京都議定書が採択され，2005年に発効した。日本は2002年に批准している。

先進国全体で，2008年から2012年の間までに，温室効果ガスの排出量を1990年の水準より少なくとも5％削減することを目標とした。その一方で，途上国には削減は求められなかった。

日本は，当時の京都議定書体制にはアメリカや中国が参加しておらず，公平性に欠けるという理由で，京都議定書の第二約束期間（2013〜2020年）には参加しませんでした。

### (4) パリ協定

京都議定書に代わる2020年以降の新たな温暖化対策の国際的枠組みとして，2015年にパリで開催されたCOP21で採択され，2016年に発効した。日本は2016年に批准している。

パリ協定では，**発展途上国**を含むすべての国が参加して温暖化対策に取り組むこととなった。

アメリカは2020年のトランプ政権時代にパリ協定から離脱しましたが，バイデン大統領の誕生により，翌年，パリ協定に復帰しました。

## 2 オゾン層の破壊

### オゾン層の破壊の影響と原因

大気中のオゾンの約90％は地上約10〜50㎞上空の成層圏に存在し，オゾン層を形成している。オゾン層は太陽からの有害な**紫外線**を吸収して，地上の生物を保護する役割を担っている。

地上に到達する紫外線の量は，オゾン量の減少によって増加する。紫外線は，**皮膚がん**や**白内障**などの病気の発症や免疫機能の低下など，人の健康に影響を与えるほか，陸地や水中の動植物にも悪影響を及ぼす。

特定フロンなどの人工的な化学物質によってオゾン層が破壊されることがわかっており，こうした物質に関する国際的な規制が設けられている。オゾン層を破壊する原因物質としては，四塩化炭素，ハロン，臭化メチルなども挙げられる。

## オゾン層保護の国際的取組み

### (1) ウィーン条約（オゾン層の保護のためのウィーン条約）

オゾン層の保護を目的とする国際協力のための基本的枠組みであり，1985 年に採択され，1988 年に発効した。日本は 1988 年に締結している。

### (2) モントリオール議定書（オゾン層を破壊する物質に関するモントリオール議定書）

ウィーン条約に基づき 1987 年に採択され，1989 年に発効した。日本は，ウィーン条約と同じく，1988 年に締結している。

ウィーン条約よりさらに具体的な規制措置が定められており，この議定書の効力によって特定フロン，四塩化炭素，ハロンなどが 1996 年以降全廃となった。

**特定フロン**
⇒ p.185 側注参照。

モントリオール議定書では，発展途上国においても規制措置を実施できるように，先進国による資金面・技術面の協力を制度化しています。

## 3 生物多様性の減少

### 生物多様性の保全の必要性

生態系は微妙なバランスの下に成り立っているが，環境破壊の進行によって生態系のバランスが乱れ，1年に4万種もの生物が絶滅しているといわれている。

国連の主導によって2001～2005年にかけて行われた，地球規模での生物多様性及び生態系の保全と持続可能な利用に関する科学的な総合評価の取組みである**ミレニアム生態系評価（MA）**では，生態系サービスを**基盤サービス**，**供給サービス**，**調整サービス**，**文化的サービス**の4つに分類し，将来にわたって生態系サービスを受け続けるためには，生物多様性を保全していくことが重要であるとしている。

生物多様性とは，地球上に存在するすべての生物が有している，豊かな個性とつながりのことです。地球上には，未発見のものを含めて3,000万種以上の生物が存在するといわれています。

### 生物多様性の保全に関する国際的取組み

#### （1） ラムサール条約

水鳥の生息地として国際的に重要な**湿地**の登録と保護を義務づける条約であり，1971年に開催されたイランのラムサールでの国際会議で採択された。1975年に発効し，日本は1980年に加盟した。

**ラムサール条約**
正式名称は「特に水鳥の生息地として国際的に重要な湿地に関する条約」という。

### (2) ワシントン条約

絶滅のおそれのある野生動植物の保護と国際取引の規制を目的とする条約。1973年にアメリカのワシントンD.C.で開催された国際会議において採択された。

**ワシントン条約**
正式名称は「絶滅のおそれのある野生動植物の種の国際取引に関する条約」という。

### (3) 生物多様性条約（生物の多様性に関する条約）

①生態系・生物種・遺伝子の3レベルの生物多様性の保全，②生物多様性を構成する生物資源の持続可能な利用，③遺伝資源の利用から生じる利益の公正かつ衡平な配分，などを目的とした条約である。1992年の地球サミットで採択され，1993年に発効した。日本は1993年に締結している。

日本はこの条約の取組みに積極的に参加しており，財政面でも大きく貢献しています。

### (4) 名古屋議定書

生物多様性条約の目的の一つである「遺伝資源の利用から生じる利益の公正かつ衡平な配分」を実現する方法として，遺伝資源の利用で生じた利益を国際的に公平に配分することを目的とした国際文書。2010年に名古屋で開催された生物多様性条約締約国会議で採択され，2014年に発効した。日本は2017年に締結している。

## 4 酸性雨

**酸性雨**
水素イオン指数（pH）が 5.6 以下の雨・雪・霧のことをいう。国境を越えた広域的な環境問題となっている。

### 酸性雨による影響と発生原因

#### （1） 酸性雨による影響

酸性雨は，河川や湖沼，土壌を酸性化させて生態系へ悪影響を与えるほか，コンクリートを溶かす・金属に錆を発生させるなどによって建造物や文化財に被害を与える。

#### （2） 酸性雨の発生原因

酸性雨は，二酸化硫黄や窒素酸化物が原因となって発生する。これらの気体が大気中で化学変化を起こし，硫酸や硝酸に変化して雨に溶け込むことで酸性雨となる。

二酸化硫黄や窒素酸化物は，化石燃料の燃焼や火山活動などによって大気中に放出されます。

### 酸性雨への対策

1979 年，国連欧州経済委員会（UNECE）において長距離越境大気汚染条約（ECE 条約）が締結され，1983 年に発効した。日本は加盟していない。

日本では，環境庁（当時）が，東アジア地域における酸性雨の現状の把握やその影響の解明に向けた地域協力の体制を構築することを目的として，1998 年に「東アジア酸性雨モニタリングネットワーク」（EANET）を試験的に稼働し，2001

**長距離越境大気汚染条約（ECE 条約）**
加盟国に対し，酸性雨などの広域的大気汚染の防止対策を義務づけるとともに，被害状況の監視および評価，原因物質の排出削減対策などを定めた条約。

年から本格的にスタートしている。

## 5 資源・エネルギー

近年では，エネルギーや資源の有効活用について，環境や省エネの問題として社会全体の関心が高まってきています。

### エネルギーの種類

エネルギーは，大きく**一次エネルギー**と**二次エネルギー**に分けられる。一次エネルギーとは，石油や石炭，天然ガスなどの化石燃料や，水力や原子力，地熱，太陽熱など，**自然界**に存在するままでの形で得られる，変換・加工しないエネルギーのことをいう。これに対し，二次エネルギーとは，ガソリンや電気，都市ガスなど，一次エネルギーを**変換・加工**して得られるエネルギーのことをいう。

一次エネルギーのうち，太陽光や風力，水力，地熱やバイオマスなど，**再生**が可能であり，資源が**枯渇**しないエネルギーのことを**再生可能エネルギー**という。

**再生可能エネルギー**
二酸化炭素などの温室効果ガスをほとんど排出しないエネルギー源である。

### 主要エネルギー資源の可採年数など

経済産業省・資源エネルギー庁の「令和元年度エネルギーに関する年次報告」（エネルギー白書2020）によると，石油の2018年末時点の可採年数は**50.0**年であり，近年，石油の可採年数は増加傾向にある。地域別確認埋蔵量割合について

**可採年数**
ある年の年末の埋蔵量を，その年の年間生産量で割った数値のこと。その生産量によって今後毎年生産していくと，生産が何年間継続することができるかを示す指標となる。

みると，**中東**諸国が約 48.3%を占めている。国別では，ベネズエラが世界最大の確認埋蔵量を有しており，約 17.5%となっている。

天然ガスについては，2018 年末時点の可採年数は **50.9** 年である。地域別確認埋蔵量割合は，**中東**のシェアが約 38.4% と最も高く，次いで欧州・ロシアおよびその他旧ソ連諸国が約 33.9% となっている。

石炭については，2018 年末時点の可採年数は **132** 年であり，石油や天然ガスよりも長いという特徴がある。地域別可採埋蔵量割合は，**アメリカ**のシェアが約 23.7% と最も高く，次いでロシアが約 15.2%，オーストラリアが約 14.0%，中国が約 13.2% となっている。

石炭は，石油や天然ガスと比べて世界に広く分布しています。


**主要エネルギー資源の可採年数と地域別確認（可採）埋蔵量割合（2018 年末）**

| エネルギー資源 | 可採年数 | 地域別確認（可採）埋蔵量割合 |
|---|---|---|
| 石油 | 50.0年 | 中東 48.3%<br>ベネズエラ 17.5% |
| 天然ガス | 50.9年 | 中東 38.4%<br>欧州・ロシア・その他旧ソ連邦諸国 33.9% |
| 石炭 | 132年 | アメリカ 23.7%<br>ロシア 15.2%<br>オーストラリア 14.0%<br>中国 13.2% |

（出典：経済産業省資源エネルギー庁「令和元年度エネルギーに関する年次報告」〈エネルギー白書2020〉）

## 新たなエネルギー源

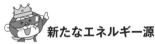

近年では，バイオ燃料やメタンハイドレート，シェールガスなどの新エネルギーが開発・利用されている。

### (1) バイオ燃料

バイオ燃料は，トウモロコシやサトウキビなどの生物資源（バイオマス）から作られる再生可能燃料である。石油に代わる燃料として，また地球温暖化対策として注目されている。

バイオ燃料は燃焼すると二酸化炭素を排出しますが，原料となる植物を育てることによって二酸化炭素の吸収量を増やすことができるため，全体でみれば二酸化炭素削減に貢献していると考えられています。このような考え方を「カーボンニュートラル」といいます。

### (2) メタンハイドレート

メタンハイドレートは，メタンガスが水分子と結びついてできた氷状の物質である。深海の地層や永久凍土から発見され，日本周辺の海域に大量に存在しており，次世代エネルギー源として期待されている。

### (3) シェールガス・シェールオイル

シェールガスは頁岩(けつがん)層に残留している天然ガスのことであり，シェールオイルは同じく頁岩層に残留している原油の一種である。近年の技術革新により，シェールガス・シェールオイルの大量生産が見込めるようになっている。2006年頃からアメリカやカナダで生産が本格化し，「シェール革命」と呼ばれる開発ブームが起きた。

シェール（shale）は「頁岩（けつがん）」という意味です。

## 資源の有効活用：循環型社会と3R

循環型社会とは，天然資源の消費が抑制され，環境への負荷ができる限り低減された社会のことをいう。循環型社会の形成においては，3R（スリーアール）がキーワードとなる。

3Rは，廃棄物の量を減らすReduce（リデュース：発生抑制），繰り返し使用するReuse（リユース：再使用），資源を再生利用して活用するRecycle（リサイクル：再生利用）の3つの言葉の頭文字をとったものである。この3R活動に取り組むことで，ごみを限りなく少なくして，ごみの焼却処分や埋立処分による環境への悪影響を減らし，限りある資源を有効に繰り返し使う社会を形成しようとするものである。

わが国の資源の有効活用・循環型社会の形成への具体的取り組みとして，循環型社会形成推進基本法（2000年6月に公布・2001年に完全施行）により，循環型社会の形成を，総合的かつ計画的に推進していくための基本的な枠組みが定められている。

**循環型社会**
大量生産・大量消費・大量廃棄型の社会に代わるものとして提唱されている概念である。循環型社会の実現のためには，①廃棄物の発生を抑制すること，②廃棄物を資源として再利用すること，③再利用できない廃棄物を適正に処分すること，などが必要となる。

## TRY! 過去問にチャレンジ

**No.1**

**地球環境問題への取組に関する記述として，妥当なのはどれか。**

**【特別区】**

**1**　京都議定書は，1997 年に開催された地球温暖化防止京都会議で採択されたもので，先進国の温室効果ガス排出量の具体的な削減目標などを定めている。

**2**　バーゼル条約は，1992 年に開催された国連環境開発会議で採択されたもので，地球温暖化の防止に関する条約である。

**3**　モントリオール議定書は，2010 年に開催された生物多様性条約締約国会議で採択されたもので，遺伝子資源の利用と公正な利益配分のルールなどを定めている。

**4**　ラムサール条約は，1971 年に採択されたもので，絶滅のおそれのある野生動植物の種の国際的取引を規制する条約である。

**5**　ワシントン条約は，1973 年に採択されたもので，水鳥の生息地として国際的に重要な湿地とその動植物の保全を目的とする条約である。

## 正答と解説

### No.1 の解説

**1〇** 2020年までの温暖化対策の目標を定めた，京都議定書についての説明であり，正しい。

**2✕** **国連気候変動枠組条約**についての説明である。バーゼル条約は，一定の有害廃棄物の国境を越える移動などの規制について国際的な枠組みおよび手続などを規定した条約であり，1989年に国連環境計画（UNEP）が中心となり採択された。

**3✕** **名古屋議定書**についての説明である。モントリオール議定書は，ウィーン条約に基づき，オゾン層の保護のための具体的な規制措置を定めた条約である。

**4✕** 1973年に採択された**ワシントン条約**についての説明である。

**5✕** 1971年に採択された**ラムサール条約**についての説明である。

★★

テーマ 04

# 科学技術・医療

・最新の科学技術や医療に関する情報や問題点を理解しよう。
・現代のネットワーク社会や宇宙開発に関する用語・知識を押さえよう。

## 1 医療とバイオテクノロジー

### 最近のバイオテクノロジー

#### (1) 遺伝子組換え作物

遺伝子組換え作物とは，遺伝子組換え技術を活用し，耐病性や耐虫性，除草剤耐性など，有用な性質を持つように改変された作物をいう。

遺伝子組換え作物は，従来の品種改良に要する時間を大幅に短縮できるという長所がある。一方で，人体や環境への影響などの懸念がある。わが国では，食品や飼料としての品質や安全性評価を経て，問題がないと認められたものに限り，輸入や販売，栽培などをすることができる。

#### (2) クローン技術

クローン技術とは，動物の細胞に特殊な操作を行って代理母に移植し，元の動物とまったく同じ遺伝子情報を持つ個体を作り出す技術である。

イギリスのロスリン研究所が，1996 年に世界で初めて，体細胞を使ってクローン羊「ドリー」を作り出すことに成功した。

近年のバイオテクノロジー（生命工学・生物工学）は，医療や食糧生産などに大きな変革をもたらしています。しかし，人体や環境への安全性の問題や生命倫理上の問題など，さまざまな課題もあるのが現状です。

人間がクローン技術を利用して生命を意図的に作り出すことには是非があり，生命倫理上のさまざまな問題が指摘されている。特にクローン人間を作り出すことは人の尊厳を侵害するなどの重大な問題が存在する。そのため，わが国では，2000年に成立した**「ヒトに関するクローン技術等の規制に関する法律」（クローン技術規制法）**によって，クローン技術をヒトに応用してクローン人間を作り出すなどの行為は禁止されている。

### (3) ヒトゲノム

ヒトゲノムとは，人間の持つすべての遺伝子情報のことをいう。2003年に，アメリカやイギリス，日本などの6か国からなる研究チームによって，ヒトゲノムDNAを構成するすべての塩基配列の解読が完了したことが宣言され，大きな話題となった。遺伝病やがんなどの診断や治療のほか，脳や神経などの機能や人類の進化の過程に画期的な進歩をもたらすことや，新しい技術の誕生が期待されている。

クローン技術には，大きく分けて「受精卵クローン」と「体細胞クローン」の2種類があります。

**受精卵クローン**
受精卵の細胞を分割し，人工的に双子や三つ子などを作る技術。

**体細胞クローン**
クローンを作りたい動物の体細胞から核を取り出し，核を抜いておいた未受精卵に移植して融合させ，それを代理母に移植して出産させる技術。

## 最近の医療と課題

### (1) 新型コロナウイルスの感染拡大防止策

2019 年 12 月に中国の湖北省武漢市で新型肺炎が報告され，2020 年 1 月に「新型コロナウイルス感染症（COVID-19）」によるものであることが判明した。このウイルスは，重症化した場合，季節性インフルエンザと比べて死亡リスクが高いものとされている。感染が全世界へと広まる中，GAVI アライアンスがワクチンの公平な普及のために立ち上げた COVAX ファシリティの呼びかけにより，国際協力でのワクチンの開発支援や共同購入を行うこととなった。

新型コロナウイルス感染の有無を調べる検査として，PCR 検査が最も利用されているが，PCR 検査は精度が高い反面，判定までの所有時間が半日から 3 日程度かかるため，約 30 分程度で検査結果がわかる抗原検査も併用されている。

**GAVI アライアンス**
発展途上国の子どもに対する予防接種の普及を目的とする同盟（アライアンス）。旧称は「ワクチンと予防接種のための世界同盟」（Global Alliance for Vaccines and Immunisation）。

**COVAX ファシリティ**
（COVID-19 Vaccine Global Access Facility）
新型コロナウイルスワクチンを国際的に共同購入し，公平に分配するための仕組み。

### (2) iPS 細胞

iPS 細胞（人工多能性幹細胞）とは，人間の皮膚や血液などの体細胞にいくつかの遺伝子を組み込むことによって，人体のさまざまな組織や臓器の細胞に変化させることができる細胞のことである。

iPS 細胞は患者本人の細胞から作製することができるので，拒絶反応が起こりにくく，倫理的な問題もありません。そのため，再生医療などでの活用が期待されています。

### (3) QOL（生命の質・生活の質）の向上

QOL（Quality Of Life）とは，生命の質ま

たは生活の質のことであり，自分自身が満足して生きているか，幸せを感じて生活することができているかといった概念である。

近年，患者の QOL の向上に関心が高まっている。医療における QOL の概念は，1947 年の WHO 憲章の前文における健康の定義とほぼ同じ意味であると考えられている。医療の現場では，患者自身の意思を尊重して，患者ごとにどのような治療法やケア，精神面などのサポートを行うかを考えていくことが重要であると考えられている。

**健康の定義（WHO 憲章前文より）**
健康とは，完全な肉体的，精神的及び社会的福祉の状態であり，単に疾病または病弱の存在しないことではない。

### (4) インフォームド・コンセント

インフォームド・コンセントとは，医師が患者に対し，治療行為について十分に説明をした上で，患者が治療の方法や方針について同意をすることをいう。患者の意思を尊重し，患者の自己決定権を保障するものである。

インフォームド・コンセントにおいては，患者やその家族が医師の説明内容を十分に理解していることや，患者やその家族の権利を尊重し，医師側と患者側との間で明確な合意が形成されていることが重要となる。

医療法 1 条の 4 第 2 項において，「医師，歯科医師，薬剤師，看護師その他の医療の担い手は，医療を提供するに当たり，適切な説明を行い，医療を受ける者の理解を得るよう努めなければならない」と定められています。

### (5) 脳死者からの臓器移植

日本では，脳死とは，脳幹を含む脳全体の機能が失われた状態のことを意味するとされている。

脳死になると，いかなる治療を行っても回復することはなく，心停止に至る。

日本では，脳死になった場合に直ちに死亡として扱われて臓器提供が可能となるのではなく，脳死判定によって脳死であることが確認された場合にはじめて脳死後の臓器提供が可能となる。

## 2 ネットワーク社会

### ネットワーク社会における主な用語

現代のネットワーク社会において用いられる主な基本的用語を確認しておきましょう。

#### (1) Society 5.0（ソサエティ 5.0）

内閣府の第５期科学技術基本計画（2016～2020年度）において提唱された未来社会の在り方であり，狩猟社会（Society 1.0），農耕社会（Society 2.0），工業社会（Society 3.0），情報社会（Society 4.0）に続くものとして位置づけられている。IoTやAIなどによってサイバー（仮想）空間とフィジカル（現実）空間を融合させ，**経済発展**と**社会的課題の解決**の両方を実現する社会として描かれている。

#### (2) IoT

自動車，家電，ロボット，病院や工場などの各施設の制御機器など，あらゆるものがインターネットと接続され，遠隔操作や管理，情報のやり取りが可能となること。

**IoT**
(Internet of Things)
モノのインターネット。例えば，玄関扉のセンサーとスマートフォンとをインターネットでつなぎ，離れた場所から開閉状態を確認できるようにするなどのように，従来のインターネットではつながれていなかったモノ同士をつなぐこと。

### (3) AI（人工知能）

記憶や学習，判断，推論などの人間の知的な活動をコンピューターに実行させる技術のことである。AIの研究は1950年代半ばから開始され，コンピューターやインターネットの発達とともに進化してきた。特に，人間の脳をモデルとしたコンピューターが自ら学習を繰り返す技術であるディープラーニング（深層学習）の登場によって，AIの可能性が飛躍的に向上し，最近ではAIを活用した製品が次々に登場してさまざまな分野で活用されている。

2021年現在は第三次AIブームであるとされています。

### (4) 5G（第5世代移動通信システム）

4G（第4世代移動通信システム）の後継仕様であり，次世代の通信方式のこと。日本では2020年3月末に商用サービスが開始され，通信の安定性と高速化・大容量化，多数同時接続などが可能となっている。

### (5) ビッグデータ

クレジットカードの使用履歴やオンラインショッピングの購入履歴，SNSに投稿されるコメントや画像・動画，GPSやICカードで検知される位置情報など，さまざまなところに蓄積され，事業に役立つと考えられる膨大なデータのこと。

ビッグデータの活用は精度の高い分析や予測を可能とするため，さまざまな事業や産業に広がっています。

### (6) フィンテック（Fin Tech）

金融を意味するファイナンス（Finance）と，技術を意味するテクノロジー（Technology）を組み合わせた造語であり，主にビッグデータやAIなどの新しい情報通信技術を活用した革新的な**金融サービス**や**金融商品**を指す。

### (7) クラウドファンディング

インターネットを介して不特定多数の人々から**資金提供**を募集すること。個人が簡単に資金を調達することができる方法として注目されている。

## 情報化社会の進展に伴う社会の発展・変化

### (1) 個人情報保護法の制定

情報化社会の進展に伴い，さまざまな個人情報を取り扱う場面が増大したため，個人情報の適切な取扱いを義務づける法律として，2003年に**個人情報保護法**が制定された。

### (2) 情報リテラシーの向上の必要性

**情報リテラシー**とは，目的に合わせて必要な情報を収集して，その価値や確証を正しく見極めて適切に活用する能力のことである。情報化社会の進展によってさまざまな情報が大量に流通するようになったことから，情報リテラシーの向上が求められている。

**フィンテック**
例としては，クレジットカードの決済としてスマートフォンやタブレット端末を利用することができるサービスなどが挙げられる。

**クラウドファンディング**
2015年の金融商品取引法の改正により，1人当たり50万円を上限に出資を募ることが可能となった。

### (3)　デジタル・ディバイド（情報格差）の発生

デジタル・ディバイド（情報格差）とは，インターネットやコンピューターなどの情報通信技術を利用することができる人・地域と，利用することができない人・地域との格差をいい，収入や雇用機会，労働条件などさまざまな格差が生じている。

## 3　宇宙開発

### 国際宇宙ステーション（ISS）

国際宇宙ステーションは，地上から約400km上空に建設された巨大な有人施設であり，アメリカ，欧州諸国，ロシア，日本などの国際協力体制で運用されている。1998年に建設が開始され，2011年に完成した。地球の周りを1周約90分で回りつつ，地球や天体の観測や宇宙環境を利用したさまざまな実験・研究などを行っている。

2008年には，日本の実験棟として，宇宙航空研究開発機構（JAXA）が開発した「きぼう」がISSに設置された。また，日本は，ISSに補給物資を運ぶための輸送手段として，無人の物資補給機「こうのとり」を開発した。2020年に「こうのとり」の9号機の運用が終了し，現在後継機の開発が進められている。

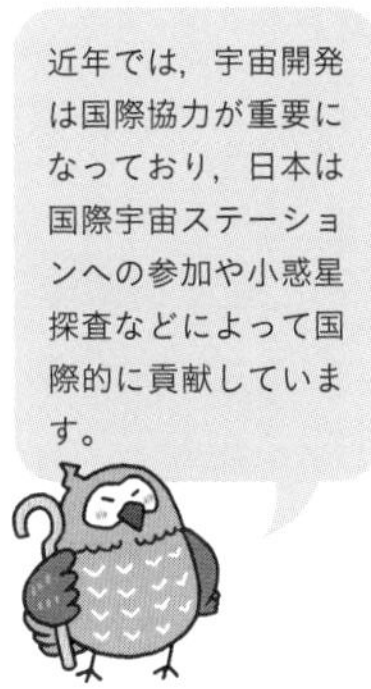

近年では，宇宙開発は国際協力が重要になっており，日本は国際宇宙ステーションへの参加や小惑星探査などによって国際的に貢献しています。

## 惑星探査

### (1) 火星探査機「のぞみ」

日本初の火星探査機であり，火星の上層大気を研究することが目的であった。1998 年に鹿児島宇宙空間観測所（現 JAXA 内之浦宇宙空間観測所）から打ち上げられ，トラブルに見舞われながらも火星へ接近したが，火星周回軌道への突入は果たせなかった。しかし，「のぞみ」による各種測定によって貴重なデータが残された。

「のぞみ」は，火星の近くで太陽の周りを飛び続ける人工惑星となりました。

### (2) 金星探査機「あかつき」

「のぞみ」に続く惑星探査計画として，金星の大気を研究する目的で打ち上げられた日本の探査機である。2010 年 5 月に打ち上げられ，同年 12 月に金星周回軌道への突入を試みたが失敗した。その後 JAXA の対策チームによって計画が再検討され，2015 年に金星周回軌道への突入に成功した。

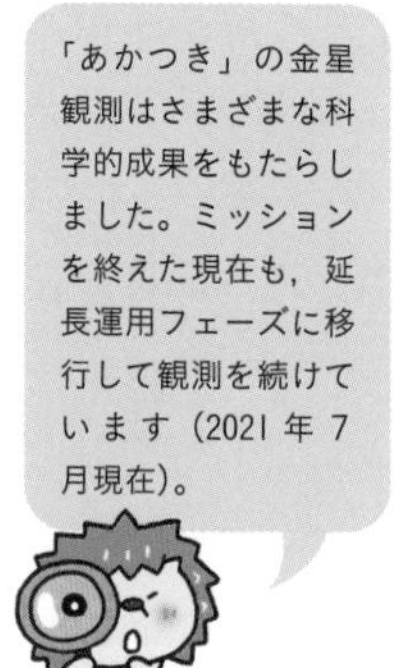

「あかつき」の金星観測はさまざまな科学的成果をもたらしました。ミッションを終えた現在も，延長運用フェーズに移行して観測を続けています（2021 年 7 月現在）。

### (3) 小惑星探査機「はやぶさ」

サンプルリターンに必要な技術を実証する目的で打ち上げられた日本の探査機である。2003 年に打ち上げられ，2005 年に小惑星「イトカワ」に到達。サンプル採取のためのタッチダウンに成功した。

2010 年にカプセルが切り離され，地球で回収されると，カプセル内には「イトカワ」由来の微

**サンプルリターン**
地球以外の天体からサンプル（試料）を採取して持ち帰ること。

粒子が確認された。地球重力圏外にある天体からのサンプル回収に成功したのは，世界初のことであった。

### (4)　小惑星探査機「はやぶさ２」

「はやぶさ」の後継機として，サンプルリターンを行うために打ち上げられた日本の探査機。2014 年に打ち上げられ，2018 年に小惑星「リュウグウ」へ到達。その地表に人工クレーターを作ることに成功し，サンプルを持ち帰った。

「はやぶさ」の経験を活かし，よりスムーズなミッション達成が目指されました。

## TRY! 過去問にチャレンジ

No.1 「メディアリテラシー」についての説明として，妥当なものはどれか。

【警視庁】

**1** テレビや新聞などの情報を正しく読み取り，必要な情報を主体的に判断する能力や情報を取捨選択する能力のことをいう。

**2** 大手金融機関や商用サイトを装い送りつけた電子メールから偽のホームページに誘導し，クレジットカード番号などをだまし取るなどの犯罪行為の総称をいう。

**3** 机のパソコンだけでなく，日常生活の至るところにコンピュータがあり，必要な情報にいつでもアクセスできる環境にある社会のことをいう。

**4** 情報機器の所持の有無，インターネットなど情報技術を利用できる能力やこれにアクセスできる機会を持つ者とできない者との間で格差が広がる事象をいう。

**5** インターネットを利用して，政府や企業などのコンピュータシステムに侵入してデータを破壊したり，機能を麻痺させたりする活動のことをいう。

## 正答と解説

### No.1 の解説

**1〇**　メディアリテラシーの説明として妥当である。

**2✕**　**フィッシング詐欺**の説明である。年々手口が巧妙になってきており，パソコンだけでなくスマートフォンも普及したこともあって被害に遭う危険性が増してきている。

**3✕**　**ユビキタス社会**の説明である。「ユビキタス」はラテン語の「Ubique」（あらゆるところで）に由来する語。

**4✕**　デジタル・ディバイド（**情報格差**）の説明である。総務省は 2007 ～ 2008 年にかけて「デジタル・ディバイド解消戦略会議」を行った。

**5✕**　サイバーテロ（**サイバー攻撃**）の説明である。重要なインフラのシステムがサイバーテロの標的となると，国民生活に甚大な被害が生じる可能性がある。

★★★

テーマ 05

# 最近の社会情勢

- 教育改革や消費者保護政策について理解しよう。
- 最近の世界遺産やノーベル賞受賞者について押さえよう。
- 現代の青年期に関する問題を理解しておこう。

## 1 教育改革

### 高等教育の修学支援新制度

進路への意識や進学意欲があれば，家庭の経済状況に関係なく，大学・短期大学・高等専門学校・専門学校に進学することができる機会を確保するという，**高等教育の修学支援新制度**が2020年4月からスタートした。

現在の日本においては，高等教育を受けるための経済負担が原因で教育格差が生じており，その後の年収格差につながり，結婚・出産も困難となるという状況が生じている。そこで，低所得世帯を対象に，高等教育の進学・就学費用について，政府が支援を行うことによって，将来の収入増を図り，安心して子どもを産むことができる社会をつくるという，**少子化問題**に対処するための施策である。

21世紀の日本にふさわしい教育体制を構築し，教育の再生を実行に移していくために，教育改革の推進は，政府の最重要課題の一つに位置づけられています。

### 大学入試改革

2021年度の大学入試から，大学入試センター試験に代わり，**大学入学共通テスト**が実施された。これまでの知識偏重の試験内容が見直され，思考力・判断力・表現力を問う内容に改められた。大学入試改革は約30年ぶりである。

**大学入学共通テスト**
国語・数学における記述式問題の導入や，英語における民間試験の導入が予定されていたが，記述式については採点の質の確保が困難であるという問題が生じ，また，英語民間試験の導入については，受験のための検定料という経済的負担の増加や，地域による受験機会の格差といった公平性などの課題があり，いずれも導入は見送られた。

### 義務教育学校制度の創設

小中学校を再編成した小中一貫教育の実施として，2016年4月から**義務教育学校**が制度化され，9年間の課程の学校が設置できるようになった。

## 2 消費者保護政策

消費者の安心や安全を確保するために，さまざまな制度や法律の制定・法改正が行われています。

### 消費者庁・消費者委員会

消費者庁は，消費者行政全般に対応するために2009年に発足した。消費者委員会は消費者行政全般に対する監視を担う第三者機関として2009年に内閣府に設置された。

### 国民生活センター・消費生活センター

国民生活センターは，消費者庁所管の独立行政法人であり，自治体が設置する**消費生活相談窓口**の支援や，国民生活に関する情報の提供，調査研究，紛争解決の手続きの実施などを行う。

すべての自治体には**消費生活センター**等の相談窓口が置かれており，消費生活相談の最初の一歩を支援すべく，付近の消費生活相談窓口を案内する**消費者ホットライン**が運用されている。

## 消費者保護に関する主な法律

### (1) 消費者基本法

2004年，消費者保護基本法が大幅に改正されて**消費者基本法**となった。「消費者の権利」として，消費者に対し必要な情報・教育の機会が提供されることや，消費者の意見が消費者政策に反映されること，消費者に被害が生じた場合には適切かつ迅速に救済されることを明記している。

**消費者保護基本法**
高度経済成長期に消費者問題が新たな社会問題となったことを受けて，1968（昭和43）年に制定された。

### (2) 消費者契約法

**消費者**と**事業者**との間で締結される契約（消費者契約）について適用される法律である。消費者は，不適切な勧誘方法によって締結された契約を一定期間内に取り消すことができる権利（**取消権**）を有することや，消費者にとって一方的に不利な内容の契約条項は無効となることなどが規定されている。

取消権は，その消費者契約を結んでから5年が経過すると行使できなくなります。

### (3) 特定商取引法（特定商取引に関する法律）

事業者による違法・悪質な勧誘行為などを防止し，消費者の利益を守ることを目的とする法律である。訪問販売や通信販売など，トラブルが発生しやすい取引類型を対象として，事業者が守るべきルールや，**クーリング・オフ制度**などの消費者を守るためのルールを規定している。

### (4) 割賦販売法

割賦販売を扱う店舗(加盟店)やクレジットカード会社などの分割・後払い事業者を規制する法律であり，クレジットカード番号などを適切に管理することや，クレジットカードの不正利用対策の義務化，クーリング・オフ制度などを規定している。

### (5) 製造物責任法（PL 法）

製品などの製造物に欠陥があり，それによって人の生命や身体,財産に被害が発生した場合には,製造業者等に故意または過失が**あるか否かにかかわらず**，消費者の保護のために製造業者等に損害賠償の責任を負わせるという法律である。

### (6) 食品表示法

食品を摂取する際の安全性や消費者の自主的・合理的な食品選択の機会を確保するために，整合性のある**食品表示基準**を定め，消費者と事業者の

**クーリング・オフ制度**
契約を結んだ後，消費者に対し冷静に考え直す時間を与え，一定期間内であれば消費者の側から無条件で契約を解除することを認める制度。特定商取引法に基づき訪問販売や電話勧誘販売，連鎖販売取引（マルチ商法）などに適用があるほか，割賦販売法などにも定めがある。ただし，通信販売にはクーリング・オフ制度の適用はない。

双方にとってわかりやすい表示を行うことなどを定めた法律である。2020年4月から新たな食品表示制度が完全施行され，栄養成分表示や，個別の原材料や添加物へのアレルギー表示が義務づけられるようになった。

## 3 世界遺産

世界遺産とは，**世界の文化遺産及び自然遺産の保護に関する条約（世界遺産条約）**に基づき作成される「世界遺産一覧表」に記載されている物件のことである。建造物や遺跡などの「文化遺産」，自然地域などの「自然遺産」，文化と自然の両要素を備えた「複合遺産」の3種類がある。

日本は近年，世界遺産の登録ラッシュであり，2021年3月現在，文化遺産は19件が登録され，自然遺産は屋久島（鹿児島県），白神山地（青森県・秋田県），知床（北海道），小笠原諸島（東京都）の4件が登録されている。

直近の文化遺産登録は，次のページの表のとおりである。

**世界の文化遺産及び自然遺産の保護に関する条約（世界遺産条約）**
1972年に国連教育科学文化機関(ユネスコ)で採択された条約。日本は1992年に締結した。文化遺産及び自然遺産を人類全体のための世界の遺産として損傷・破壊等の脅威から保護し，保存するための国際的な協力及び援助の体制を確立することを目的とする。

最近の日本の文化遺産

| | |
|---|---|
| 2015年 | 明治日本の産業革命遺産　製鉄・製鋼，造船，石炭産業（福岡県・佐賀県・長崎県・熊本県・鹿児島県・山口県・岩手県・静岡県） |
| 2016年 | 国立西洋美術館本館（東京都）（「ル・コルビュジエの建築作品-近代建築運動への顕著な貢献-」の構成資産の一つとして登録） |
| 2017年 | 「神宿る島」宗像・沖ノ島と関連遺産群（福岡県） |
| 2018年 | 長崎と天草地方の潜伏キリシタン関連遺産（長崎県・熊本県） |
| 2019年 | 百舌鳥・古市古墳群（大阪府） |

## 4 ノーベル賞

ノーベル賞は，**ダイナマイト**の発明者であるスウェーデンのアルフレッド・ノーベルの遺言に従って設けられた。**物理学**，**化学**，**生理学・医学**，**文学**，**平和**，**経済学**の６つの分野で，世界的な発見や発明などで人類に多大な貢献をもたらした人物・団体に贈られる。平和賞以外の各賞の受賞者はスウェーデンの関係組織で，平和賞は隣国のノルウェー・ノーベル委員会で選考・決定される。授賞式は毎年12月に行われている。

近年の日本のノーベル賞受賞者および主な海外のノーベル賞受賞者は，次のページの表のとおりである。なお，2020年は日本人受賞者はいなかった。

近年，物理学や生理学・医学など，自然科学系の分野で日本人研究者が相次いでノーベル賞を受賞しています。

**近年の日本人のノーベル賞受賞者**

| | | | |
|---|---|---|---|
| 2015年 | 梶田隆章 | 物理学賞 | ニュートリノ振動の発見 |
| | 大村智 | 生理学・医学賞 | 寄生虫感染症に対する新規治療物質に関する発見 |
| 2016年 | 大隅良典 | 生理学・医学賞 | オートファジーの仕組みの解明 |
| 2018年 | 本庶佑 | 生理学・医学賞 | 免疫チェックポイント阻害因子の発見とがん治療への応用 |
| 2019年 | 吉野彰 | 化学賞 | リチウムイオン電池の開発 |

**近年の主な海外のノーベル賞受賞者**

| | | | |
|---|---|---|---|
| 2016年 | ボブ・ディラン（アメリカ） | 文学賞 | 新たな詩的表現の創造 |
| 2018年 | カズオ・イシグロ（イギリス） | 文学賞 | 代表作は長編小説『日の名残り』（The Remains of the Day）など |
| 2019年 | アビィ・アハメド・アリ首相（エチオピア） | 平和賞 | 長年に及んだエリトリアとの国境紛争の解決を主導，平和と国際協力の実現 |
| 2020年 | 国連世界食糧計画（WFP） | 平和賞 | 飢餓と闘う努力，紛争影響下の地域における平和実現の条件改善への貢献，飢餓が戦争や紛争の武器として利用されないための努力 |

## 5 青年期の特徴

### 青年期のとらえ方

**(1)　エリクソン**

アメリカの心理学者エリクソンは，青年期を，大人への準備期間であり社会的責任や義務を一時的に免除・猶予されている期間であるとして，このような状態を**モラトリアム**と呼んだ。また，青年期の間に**アイデンティティ（自我同一性）**の確立が必要であると説いた。

**(2)　ルソー**

フランスの哲学者ルソーは，著書である教育論『エミール』の中で,「我々はいわば２度生まれる。１度目は存在するために, ２度目は生きるために」と述べ，青年期における心身の変化を**第２の誕生**と呼んだ。

**(3)　レヴィン**

ドイツの心理学者レヴィンは,「もう青年ではないがまだ大人になりきれていない」という青年期にいる人たち，すなわち子どもと大人の中間者である人たちのことを，**マージナル・マン（境界人）**と名づけた。

現代において，青年期とは一般に13歳前後から20歳前後までの時期のことをいいます。
青年期の心理を理解するためには，心理学者・社会学者等による青年期のとらえ方や精神分析・防衛機制に関する基礎知識を押さえておく必要があります。

**ルソー**
⇒ p.67 参照。

### (4) シュプランガー

ドイツの哲学者・教育学者シュプランガーは，青年期の特徴を「**自我の発見**」,「**人生設計の成立**」,「**個々の生の領域内へ侵入しての成長**」という3つの観点から捉えた。

**シュプランガー**
主著『生の諸形式』の中で，人間の価値観を6つの型に分類した。

### (5) ハヴィガースト

アメリカの教育心理学者ハヴィガーストは，人生を①**乳・幼児期**，②**児童期**，③**青年期**，④**壮年期**，⑤**中年期**，⑥**老年期**の6つの発達段階に分類し，各発達段階における課題を克服していくことで幸福となると主張した。青年期の発達課題としては，両親からの精神的な独立や経済的な独立，職業の選択，結婚と家庭生活の準備をすることなどを挙げている。

### (6) マズロー

アメリカの心理学者マズローは，人間の欲求は5つの階層（生理的欲求・安全欲求・社会的欲求・承認欲求・自己実現欲求）から構成され，生理的欲求などの基礎的な欲求がある程度満たされた後に，自己実現などのより高次の欲求が現れるとした（**欲求段階説**）。

**マズローの欲求段階説**

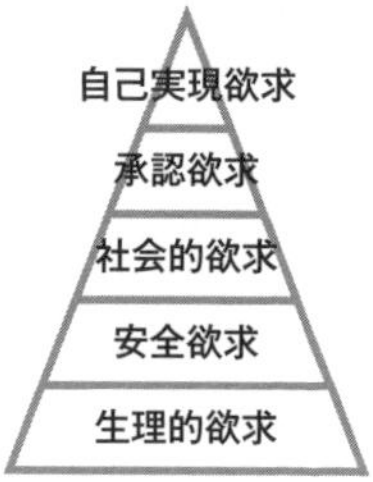

## 現代の青年期の特徴

以前の青年期は，ある社会集団から別の社会集団へ移行する儀式である**通過儀礼**（イニシエーション）を行うことで，青年が成人へと一気に移行するものとされていた。

しかし，現代においては，教育の期間が延び，就職や結婚・出産の時期が昔よりも遅くなったことや，経済的な豊かさなどにより，青年期が**延長**され，青年が成人となるまでの期間が長期化する傾向にある。

たとえば，学校を卒業した後も親と同居し，精神的・経済的に自立をせずに自由な独身生活を楽しむ若者を指す「パラサイト・シングル」の増加や，アルバイトをしながら暮らす若者を指す「フリーター」の増加，仕事に就いておらず通学や家事もしていない若者を指す「ニート」の増加などが問題となっている。

**通過儀礼**
誕生，成人，結婚，死など，人の一生における節目を通過する際に行われる儀礼。

## TRY! 過去問にチャレンジ

**No.1**

2019年，日本の吉野彰氏が受賞したノーベル賞とエチオピアのアビィ・アハメド・アリ首相が受賞したノーベル賞の部門の組合せとして，最も妥当なのはどれか。

**【警視庁・改題】**

| | 吉野彰氏 | アビィ・アハメド・アリ首相 |
|---|---|---|
| **1** | ノーベル物理学賞 | ノーベル文学賞 |
| **2** | ノーベル物理学賞 | ノーベル平和賞 |
| **3** | ノーベル化学賞 | ノーベル文学賞 |
| **4** | ノーベル化学賞 | ノーベル平和賞 |
| **5** | ノーベル生理学・医学賞 | ノーベル経済学賞 |

## 正答と解説

### No.1 の解説

吉野彰氏は，リチウムイオン電池の開発によって，ノーベル化学賞を受賞した。

エチオピアのアビィ・アハメド・アリ首相は，隣国であるエリトリアとの国境紛争の解決を主導し，平和と国際協力の実現に貢献したとして，ノーベル平和賞を受賞した。

よって正答は**4**である。

**編集協力**　エディット
**本文組版**　千里
**カバーデザイン**　cycledesign
**イラスト**　アキワシンヤ

**●本書の内容に関するお問合せについて**

本書の内容に誤りと思われるところがありましたら，まずは小社ブックスサイト（jitsumu. hondana. jp）中の本書ページ内にある正誤表・訂正表をご確認ください。正誤表・訂正表がない場合や訂正表に該当箇所が掲載されていない場合は，書名，発行年月日，お客様の名前・連絡先，該当箇所のページ番号と具体的な誤りの内容・理由等をご記入のうえ，郵便，FAX，メールにてお問合せください。

**〒163-8671　東京都新宿区新宿 1-1-12　実務教育出版　第二編集部問合せ窓口**
**FAX：03-5369-2237　E-mail：jitsumu_2hen@jitsumu.co.jp**

**【ご注意】**
**※電話でのお問合せは，一切受け付けておりません。**
**※内容の正誤以外のお問合せ（詳しい解説・受験指導のご要望等）には対応できません。**

**公務員試験［高卒程度・社会人］**
**らくらく総まとめ　社会科学**

2021年 9 月10日　初版第 1 刷発行　〈検印省略〉

**編　者**　資格試験研究会
**発行者**　小山隆之

**発行所**　株式会社　実務教育出版
〒163-8671　東京都新宿区新宿1-1-12
TEL 編集03-3355-1812　販売03-3355-1951
振替　00160-0-78270

**印　刷**　壮光舎印刷
**製　本**　ブックアート


ISBN 978-4-7889-7269-8 C0030　Printed in Japan
乱丁，落丁本は本社にておとりかえいたします。